_____ 학교 ____ 학년____반 _____ 의 책이에요.

전 세계가 인정한 우리의
세계유산

  세계유산이란, '세계유산협약'에 따라 인류 전체를 위해 보호해야 할 가치가 있다고 인정되는 세계 여러 나라의 유산 가운데 유네스코에 등록된 유산을 말해요.

  최근 전 세계적으로 자연재해나 전쟁 등으로 파괴될 위기에 처한 인류의 유산이 늘어나고 있어요. 이를 미리 방지하고 보호하고자 1978년부터 유네스코의 세계유산위원회에서는 보호해야 할 가치가 있는 유산들을 세계유산으로 지정하고 있답니다.

  인류 전체를 위해 보편적인 가치가 있다고 인정하는 유산을 중심으로 지정하다 보니, 각 나라의 문화와 역사를 대표하는 유산인 경우가 많아요. 따라서 각 나라의 세계유산을 알아보는 일은 곧 그 나라의 고유한 문화를 알 수 있는 지름길이지요.

  우리나라는 현재 석굴암과 불국사, 해인사 장경판전, 종묘, 창덕궁, 수원 화성, 경주역사유적지구, 고창·화순·강화 고인돌유적, 제주 화산섬과 용암동굴, 조선왕릉, 한국의 역사마을 : 하회와 양동, 남한산성, 백제역사유적지구와 산사 한국의 산지승원이 등재되어 있답니다. 그리고 세계기록유산으로는 훈민정음, 조선왕조실록, 직지심체요절, 승정원일기, 조선왕조 의궤, 해인사 대장경판 및 제경판, 동의보감, 일성록, 5.18민주화운동 기록물, 난중일기, 새마을운동 기록물, 한국의 유교책판, KBS특별생방송 '이산가족을 찾습니다' 기록물, 조선왕실 어보와 어책, 국채보상운동 기록물, 조선통신사 기록물이 등재되었어요.

  또한 인류무형문화유산으로는 종묘제례 및 종묘제례악, 판소리, 강릉단오제, 강강술래, 남사당놀이, 영산재, 제주칠머리당 영등굿, 처용무, 가곡, 대목장, 매사냥, 줄타기, 택견, 한산모시짜기, 아리랑, 김장문화, 농악, 줄다리기, 제주해녀문화가 있답니다.

  이 책에서는 우리나라의 세계기록유산 중 하나인 조선왕조 의궤에 대해 알아볼 거예요.

세계문화유산

종묘

수원화성

창덕궁

고창 · 화순 · 강화의 고인돌유적

석굴암과 불국사

해인사 장경판전

경주역사유적지구

백제역사유적지구

세계기록유산

조선왕조실록

승정원 일기

직지심체요절

훈민정음

조선왕조 의궤

해인사 고려대장경판과 제경판

동의보감

일성록

세계무형유산

종묘제례와 제례악

판소리

강릉단오제

세계자연유산

제주도 화산섬과 용암동굴

신나는 교과 체험학습 54

조선 왕실 행사에 초대합니다 **조선왕조 의궤**

초판 1쇄 발행 | 2007. 12. 20.
개정 3판 4쇄 발행 | 2023. 11. 10.

글 신병주 | **그림** 박희정 조성혜

발행처 김영사 | **발행인** 고세규
등록번호 제 406-2003-036호 | **등록일자** 1979. 5. 17.
주소 경기도 파주시 문발로 197(우10881)
전화 마케팅부 031-955-3100 | 편집부 031-955-3113~20 | 팩스 031-955-3111
사진 서울대학교 규장각 국립고궁박물관 국립중앙박물관 연합뉴스

ⓒ 신병주, 2007

값은 표지에 있습니다.
ISBN 978-89-349-8684-3 64000
ISBN 978-89-349-8306-4 (세트)

좋은 독자가 좋은 책을 만듭니다. 김영사는 독자 여러분의 의견에 항상 귀 기울이고 있습니다.
전자우편 book@gimmyoung.com | 홈페이지 www.gimmyoungjr.com

어린이제품 안전특별법에 의한 표시사항
제품명 도서 제조년월일 2023년 11월 10일 제조사명 김영사 주소 10881 경기도 파주시 문발로 197
전화번호 031-955-3100 제조국명 대한민국 ⚠주의 책 모서리에 찍히거나 책장에 베이지 않게 조심하세요.

조선 왕실 행사에 초대합니다

조선왕조 의궤

글 신병주 그림 박희정 조성혜

주니어김영사

차례

조선의 왕실 행사와 문화를 찾아 여행을 떠나요!

왕실의 문화를 엿보아요!
코스 1 **국립고궁박물관**

국립고궁박물관에는 책과 도자기, 의복, 장신구 등 조선 시대의 왕실과 대한 제국의 황실 유물 4,000여 점이 소장되어 있어요. 전시장은 지하와 1층, 2층으로 이루어져 있어요. 2층에는 조선의 국왕실, 조선의 궁궐실, 왕실의 생활실, 기획전시실 I 이 있고, 1층에는 대한제국실, 기획전시실 II, 어차실, 기획전시실 III가 있어요. 지하에는 궁중서화실, 왕실의례실, 과학문화실이 있지요.

관람료	무료
관람 시간	월~일, 공휴일 : 오전 10시~오후 6시(입장은 오후 5시까지) 휴관일 : 1월 1일, 설날 당일, 추석 당일
가는 방법	지하철 3호선 경복궁역 4, 5번 출구, 지하철 5호선 광화문역 1, 2번 출구로 나와 경복궁에 들어가기 전에 있어요.
홈페이지	www.gogung.go.kr

학생이 30명 이상이면 단체 관람을 할 수 있대.

코스 2

왕실 행사를 만나요!
운현궁과 가례 재현 행사

운현궁은 고종 황제가 명성 황후와 혼례를 올렸던 곳이에요. 왕의 혼례를 가례라고 하는데, 이곳에서는 매년 4월과 10월에 고종 황제와 명성 황후의 가례를 재현하는 행사가 열린답니다. 가례 절차 중 별궁에 사신을 보내 왕비를 책봉하는 책비 의식과, 왕이 몸소 왕비를 맞아들여 대궐로 돌아오는 친영 의식을 재현하지요.

관람료	무료
관람 시간	11~3월 : 오전 9시~오후 6시 4~10월 : 오전 9시~오후 7시 ※매주 월요일에는 문을 열지 않아요.
가는 방법	지하철 3호선 안국역 4번 출구, 지하철 1, 3, 5호선 종로3가역 5번 출구로 나와요.
홈페이지	www.unhyeong.or.kr

> 우리 운현궁부터 가 볼래!

코스 3

왕실 행사를 기록한 의궤를 봐요!
서울대학교 규장각

조선 왕실의 행사를 기록한 의궤가 가장 많이 보관된 곳이에요. 이곳의 상설 전시실에서 옛 도서와 자료를 열람할 수 있어요. 다만 중요한 옛 도서는 원본이 손상될 수 있어 일반인은 볼 수 없어요. 대신 도서를 찍은 필름이나 복사본을 볼 수 있답니다.

관람 시간	오전 9시 30분~오후 5시 30분 (토요일, 일요일, 법정공휴일, 개교기념일에는 휴관)
가는 방법	2호선 서울대입구역에서 내려 서울대학교행 버스를 타요. 규장각은 서울대학교 안에 있어요.
홈페이지	e-kyujanggak.snu.ac.kr

> 관람 시간을 꼭 확인하고 가야 해!

왕실 행사의 생생 기록

조선왕조 의궤

의식과 절차가 복잡한 조선 시대 왕실 행사를 생생하게 기록한
책이 있다는 사실, 알고 있나요?
행사마다 누가 참여했는지, 무엇을 준비했는지, 어떻게 진행했는지
낱낱이 적은 문서를 모은 책 말이에요. 바로 '의궤'랍니다.
의궤는 사진만큼이나 자세한 그림까지 곁들여 있어서 그림만 봐도
마치 행사에 직접 참여한 듯 생생한 느낌이 들지요.
자 그럼, 유네스코의 세계기록유산으로 등재되었을 정도로 우수한
의궤에 대해 알아보아요.

행사 보고서, 의궤란 뭐지?

의궤는 반드시 실명제로!

의궤에는 왕실 행사에 참여한 사람들의 이름이 모두 적혀 있어요. 김노미, 김돌쇠와 같이 낮은 신분의 사람들 이름도 실제 이름 그대로 기록했지요. 나라의 중요한 기록물에 이렇게 모든 참여자의 이름을 적은 데에는 이유가 있었어요. 각자 자신이 맡은 일에 책임감과 사명감을 갖도록 하기 위해서지요.

아무리 작은 역할을 맡았다고 해도 자신의 이름이 의궤에 적혀 길이 남는다고 생각하면 아무래도 더 열심히 일할 테니까요.

📖 **책봉**
임금이 왕세자, 왕세손, 왕후, 비, 빈과 같은 직위를 내려 주는 일을 말해요.

의궤는 '모범적인 전례 의식'이라는 뜻이에요. 행사 준비에서부터 마무리까지 행사의 모든 것을 꼼꼼히 기록함으로써 후손들이 이 의궤를 참고하여 다음 행사를 잘 치를 수 있도록 만든 책이지요.

의궤에 기록된 행사들은 왕의 결혼식과 장례식, 왕과 왕세자의 책봉, 왕실의 제사와 잔치, 왕의 활쏘기 행사, 왕의 행차, 궁궐을 짓는 일, 중국의 사신을 맞이하는 일 등 왕이 참여하거나 왕이 명하여 열리는 것들이었어요. 이런 행사들은 대부분 나라의 큰 행사여서 그 절차나 과정이 꽤 복잡했지요. 의궤에는 그렇게 복잡하고 까다로운 절차가 하나도 빠짐없이 자세히 나와 있답니다.

얼마나 자세한지 한번 살펴볼까요. 우선 행사에 참여한 관리와 장인들의 이름을 모두 적어 놓았어요. 또한 행사에 사용한 물품의 재료와 개수, 빛깔까지 자세하게 기록했지요. 실제로 사용한 물

조선 왕실의 행사를 기록한 의궤

오늘날까지 전해 오고 있는 대표적인 의궤들이에요. 왕실에서 이뤄지는 크고 작은 행사들을 담고 있지요.

《정종대왕태실가봉의궤》(왼쪽)와
《경종대왕태실석물수개의궤》(오른쪽)
정조 임금이 태어났을 때 태를 보관하는 행사를 기록한 의궤(왼쪽)와, 경종 임금의 태를 보관한 곳에 돌조각을 놓은 일에 관해 쓴 의궤(오른쪽)예요. 정종대왕은 정조를 가리키는 호칭이에요.

《영조정순후가례도감의궤》
영조 임금과 정순 왕후의 결혼식에 관해 쓴 의궤예요.

품은 무엇이고 행사가 끝난 뒤에 해당 관청에 되돌려 준 물품은 무엇인지까지 모두 적혀 있으니, 얼마나 꼼꼼하게 기록했는지 알 수 있겠죠? 이렇게 왕실의 주요 행사를 보고서로 남긴 것은 중국이나 일본 같은 나라에서는 찾아볼 수 없는 조선만의 독특한 전통이었답니다.

그러면 의궤를 언제부터 만들었을까요? 《조선왕조실록》을 보면 의궤는 조선 전기부터 만들었다고 기록돼 있어요. 그러나 조선 전기의 의궤들은 임진왜란이나 병자호란과 같은 전쟁을 겪으면서 대부분 불타거나 없어졌어요. 오늘날까지 전해오는 의궤는 조선 후기에 만든 것으로 현재 규장각과 장서각, 파리국립도서관, 일본의 궁내청 등에 640여 종이 흩어져 보관되어 있지요.

규장각 서고

《원행을묘정리의궤》
정조가 어머니를 모시고 아버지 사도 세자의 묘를 찾아가는 길에 연 행사의 모든 과정을 기록한 의궤예요. 책의 겉표지에는 '정리의궤'라고 적혀 있지만 속표지에 '원행을묘정리의궤'로 쓰여 있어요.

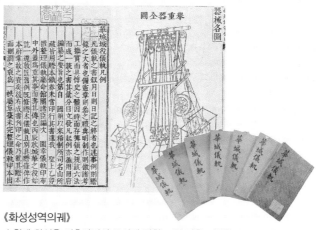

《화성성역의궤》
수원에 화성을 건축하면서 공사에 관한 모든 것을 기록한 의궤예요.

의궤는 어떻게 구성되어 있나?

그렇다면 의궤는 어떤 내용들로 이루어져 있을까요?

먼저 왕의 지시 사항을 적은 명령서가 있어요. '교명'이라고 하지요. 행사 준비를 위해 각 관청 간에 주고받았던 문서, 필요한 물품을 요청한 문서 등 각종 공문서도 있어요. 또한 행사의 역할을 어떻게 나눴는지, 행사에 동원된 인원은 몇 명인지, 행사에 쓴 물품은 무엇인지, 돈은 어디에 얼마나 썼는지 등의 행사 진행 사항을 기록한 문서들이 있지요. 다음으로는 행사의 가장 중요한 장면을 빠짐없이 그린 '반차도'예요. 그리고 건물이나 도구, 사용한 물품을 실물과 똑같이 그린 '도설'이 있답니다.

그 중 특히 반차도는 행사 장면을 아주 세밀하게 그

나는 무엇일까요?

나는 왕이
나라의 중요한
행사 때 썼던
관이에요.
나를 쓸 때는
면복을 입지요.
(39쪽을 보세요.)

(   )

☞ 정답은 56쪽에

목차로 본 의궤의 구성

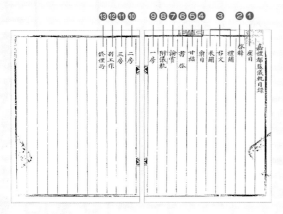

영조의 결혼식 과정을 기록한 《영조정순후가례도감의궤》의 목차를 통해 의궤가 어떻게 이루어져 있는지 살펴보아요.

❶ 좌목 : 행사를 주관했던 관리들의 명단이에요.
❷ 계사 : 왕이 지시한 사항과 신하들이 건의한 내용을 모은 것이에요.
❸ 예관, 이문, 내관 : 각 관청별로 맡은 업무에 대한 기록과 관청들이 주고받은 문서들을 모은 것이에요.
❹ 품목 : 하급 관청에서 상급 관청으로 올린 문서들을 모은 것이에요.
❺ 감결 : 상급 관청에서 하급 관청에 지시한 문서들을 모은 것이에요.
❻ 서계 : 일을 마쳤다는 내용을 쓴 문서이에요.
❼ 논상 : 결혼식 행사에서 공을 세운 사람들에게 상을 주는 규정이 적혀 있어요.
❽ 부의궤 : 의궤를 어떻게 만들었는지, 어느 사고에 보관했는지 기록했어요.

❾ 일방 : 왕의 명령서(교명), 옷, 깔개, 행사 절차 등을 맡은 일방에서 진행한 사항을 기록했어요.
❿ 이방 : 행렬에 필요한 가마와 깃발, 도구 등을 맡은 이방에서 진행한 사항을 기록했어요.
⓫ 삼방 : 행사에 쓰이는 그릇과 탁자 등 물품을 담당하는 삼방에서 진행한 사항을 기록했어요.
⓬ 별공작 : 부족한 물품을 추가로 지원하는 업무를 맡은 별공작에서 진행한 사항을 기록했어요.
⓭ 수리소 : 행사 때 이용할 건물의 수리와 장인들이 머무는 임시 숙소의 건축에 관한 사항을 기록했어요.
※ 목차에는 보이지 않지만 왕이 왕비를 맞으러 가는 행렬을 그린 반차도가 일방 뒤에 있어요.

려서 오늘날 이를 바탕으로 조선 시대 왕실의 행사를 재현할 수 있어요. 지금 같으면 사진을 찍거나 비디오로 녹화하겠지만 당시에는 그림으로 나타낼 수밖에 없었어요. 그럼에도 불구하고 행사에 참여한 사람들의 모습이나 당시 입었던 옷의 모양과 장식품, 사용한 악기, 쓰였던 도구의 모양 등 행사에 관한 모든 것이 사진 못지않게 생생하게 그려져 있지요. 그림의 선이 정교하고 색깔도 아름다워 그림 자체로도 훌륭한 작품으로 인정받는답니다.

《원행을묘정리의궤》의 반차도
처음으로 목판에 새겨 인쇄한 반차도예요. 풍속화가인 김홍도가 참여해 그린 그림으로 유명하지요.

의궤에 실린 도설

도설은 행사에 쓰인 기구나 물품을 그림으로 그려 설명한 거예요. 하나의 물건을 여러 방향에서 그리거나 여러 부분으로 잘라서 그린 것이 특징이지요. 물품의 크기나 색깔을 적기도 했어요.

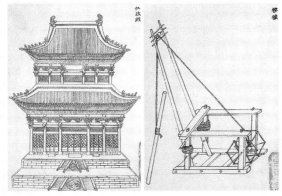

창덕궁에 인정전을 짓는 일을 기록한 의궤에 실린 도설이에요. 왼쪽은 인정전이고 오른쪽은 건물을 지을 때 나무와 돌을 옮기는 데 썼던 '녹로'예요. 설계도처럼 아주 정교하지요?

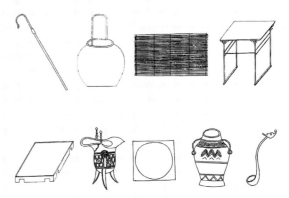

왕비가 궁중에서 누에를 치는 행사를 '진잠'이라고 하는데, 그때 썼던 그릇들이에요. 술잔이나 술을 뜨는 국자의 무늬와 모양까지 세밀하게 그려 놓았어요.

의궤는 어떻게 만들었나?

이제 의궤를 어떻게 만들었는지 알아볼까요?

의궤를 만들기 전에 우선 행사를 치르는 데 필요한 기구를 설치했어요. 바로 '도감'이지요. 도감은 행사를 책임지고 관리하는 역할을 했어요. 오늘날로 말하자면 대통령 취임식 준비위원회, 올림픽조직위원회, 월드컵 준비위원회처럼 행사가 있을 때 꾸려지는 기구와 같지요.

도감에서는 행사를 지휘하는 관리자와 실제 업무를 맡는 담당자를 고르게 배치했어요. 행사의 성격에 따라 인원을 늘이거나 줄이는 일도 했지요.

또한 행사를 진행하는 동안 일어난 모든 일을 기록으로 남기고 오간 문서들을 모았어요.

행사를 준비하는 기구, 도감

도감은 행사를 치를 때 임시로 설치하는 기구였어요.
행사마다 도감의 명칭이 달랐는데, 왕실의 혼례가 있을 때는 '가례도감', 왕이나 왕세자의 책봉 의식에는 '책례도감', 왕실 가족 중 누가 죽었을 때는 '국장도감', 사신을 맞이하는 행사에는 '영접도감', 궁궐을 지을 때는 '영건도감' 등으로 불렸지요. 도감은 임시 기구여서 나라의 관리들이 도감의 일을 함께 맡는 경우가 많았답니다.

나는 무지일까요?

나는 왕이 활쏘기를 할 때 썼던 과녁이에요. 내 몸은 붉은 색이고 곰의 머리가 그려져 있지요. (25쪽을 보세요.)

(   )

정답은 56쪽에

한 권의 의궤가 만들어지까지

도감에서는 행사를 준비하는 일은 물론이고 행사가 끝난 뒤 의궤를 만드는 일도 했어요.
한 권의 의궤가 만들어지는 데 어떤 과정들이 있었는지 알아보아요.

이번 중국 사신을 맞이하는 행사가 잘 돼야 할 텐데…

나, 영의정!

바쁘다, 바빠. 동작 하나까지 정확하게 그려야 해!

행사를 주관하는 도감을 설치해요.

행사가 진행되는 동안 모든 것을 글과 그림으로 남겨 두어요.

행사 기록을 모아모아~ 의궤 만들기

행사가 끝나면 도감에서는 모든 문서를 모아 등록을 만들었어요. 의궤에 실었던 문서들은 국왕의 지시가 담긴 문서와 관청과 관청 사이에 오간 문서, 행사 준비에 필요한 물품 목록을 정리한 문서 등 그 양이 무척 많고 종류도 다양했어요. 그래서 순서대로 정리하는 것만도 큰 일이었지요. 이렇게 정리한 문서들은 책으로 묶었는데, 그것이 바로 의궤랍니다.

의궤는 보통 5부에서 9부를 만들었어요. 그 가운데 1부는 임금이 볼 수 있도록 규장각에 올렸는데, 그것을 '어람용 의궤'라고 해요. 어람용 의궤는 초록색 비단으로 표지를 만들었는데, 고종 황제 때부터는 황제를 뜻하는 노란색과 황태자를 상징하는 붉은색 비단을 사용했어요. 황제와 황태자용으로 어람용 의궤를 2부 만들기도 했지요. 어람용 의궤를 제외한 나머지 의궤들은 관련 부서와 각 사고에 나누어 보관했답니다.

> **어람용 의궤와 일반 의궤**
> 어람용 의궤는 고급 종이인 초주지를 사용했어요. 내지는 붉은 테두리 선을 둘러서 왕실의 위엄을 더하고, 사자관*이 해서체*로 정성들여 글씨를 썼지요. 겉표지는 비단으로 감싸고 놋쇠 물림으로 묶었어요. 또한 국화 모양의 쇠붙이와 철로 만든 둥근 고리를 달아 책의 품격을 한껏 높였지요.
> 일반 의궤는 어람용보다 질이 떨어지는 저주지를 사용하고 내지에는 검은 테두리선을 둘렀어요. 표지에는 보통 삼베를 썼어요.
>
> *사자관 : 외교문서나 왕실문서를 기록하던 벼슬아치예요.
> *해서체 : 글씨체 중의 하나로, 곧고 바른 느낌을 주는 글씨예요.

📖 **사고**
역사책과 자료를 보관하던 창고예요.

행사가 끝나면 행사의 시작부터 끝까지 전 과정을 날짜순으로 정리한 등록을 만들어요.

등록을 정리해서 책으로 묶어 의궤를 만들어요.

임금에게 의궤를 올려요.

도감에서 일한 사람들

도감은 다음과 같이 이루어져 있었어요. 총책임자 1명에 부책임자 3~4명, 각 분야별로 실무 관리자 대여섯 명이 배치되었어요. 그 아래에 실제 업무를 맡는 담당자들이 있었는데, 이들은 행사의 규모나 성격에 따라 인원이 늘거나 줄었지요.

도제조(1명) : 도감의 총책임자로 영의정이나 좌의정, 우의정과 같은 정승 중에서 임명되었어요.

도청   낭청   감조관

도청(3~4명)과 **낭청**(4~8명) : 실무를 담당하는 관리들이에요.
감조관(6명) : 행사 진행을 감독하는 관리들이에요.
도청, 낭청, 감조관은 당하관의 벼슬아치들이 맡았어요.

제조(3~4명) : 부책임자에 해당하며 이조판서, 예조판서, 공조판서가 맡았어요.

산원 : 회계를 담당하는 사람이에요.
서사 : 글을 베껴 쓰는 사람이에요.
사령 : 관청을 오가며 문서를 전해 주는 사람이에요.
고지기 : 창고를 지키며 정리를 맡은 사람이에요.
녹사 : 기록을 담당하는 사람이에요.
그 밖에 수많은 사람들이 행사의 일을 했어요.

산원 서사 사령 고지기 녹사

여기서 잠깐! 아래 사진은 두 종류의 의궤예요. 보기에서 각각의 의궤 특징에 해당하는 기호를 골라 쓰세요.

어람용 의궤 _____   일반 의궤 _____

보기	ㄱ. 비단으로 감싼 표지	ㄴ. 검은색 테두리를 두른 내지
	ㄷ. 삼베로 감싼 표지	ㄹ. 붉은색 테두리를 두른 내지

 정답은 56쪽에

의궤, 세계기록유산으로 등재되다!

왕실의 주요 행사를 기록으로 남긴 것은 다른 나라에서는 찾아볼 수 없는 조선만의 독특한 전통이었어요. 특히 의궤에 들어가는 반차도와 도설은 화려했던 행사의 모습을 생동감 있게 전해 주고 있어 기록의 가치를 더욱 빛내지요.

2006년 우리 정부는 이렇게 뛰어난 문화 유산인 의궤를 '세계기록유산'으로 지정해 줄 것을 유네스코에 신청했어요. 그러나 의궤는 세계기록유산으로 선정되는 과정에서 많은 어려움을 겪었어요. 우리나라에는 이미 《조선왕조실록》과 《승정원일기》 등 세계기록유산으로 지정된 기록물들이 많아, 이것과 의궤의 차이점을 심사위원들에게 설명하기가 쉽지 않았지요. 하지만 의궤가 수백 년 동안 체계적으로 정리되어온 기록물이며, 그림 자료가 풍부하다는 점에서 유네스코 심사위원들의 공감을 얻을 수 있었답니다.

그리하여 마침내 2007년 6월 14일, 의궤가 '세계기록유산'으로 등재되었다는 자랑스러운 소식이 전해졌어요. 기록물로서 의궤의 가치를 세계가 인정한 것이지요.

이렇게 세계의 문화 유산으로 인정받은 의궤를 다른 나라 사람들에게 소개하려면 우리부터 그 가치를 정확하게 알아야겠지요?

의궤를 어디에 보관했을까?

의정부
조선 시대 행정부의 최고 기관이에요.

예조
국가 전례를 실제로 집행하는 기관이에요.

춘추관
조선 시대 역사 편찬을 담당했던 관청이에요.

의궤를 만든 뛰어난 기술

의궤가 오늘날까지 원래 모습 그대로 남을 수 있었던 것은 질기고 쉽게 바래지 않는 질 좋은 종이를 사용하고, 천연 광물과 식물에서 얻어 낸 물감을 썼기 때문이에요. 또한 5개의 구멍을 뚫고 튼튼하게 꼰 실로 꿰매 책이 쉽게 떨어지지 않게 했지요.

　　의궤는 만드는 것도 중요했지만 후손들에게 길이 전하기 위해 잘 보관하는 것이 무엇보다 중요했어요. 임진왜란이 일어나기 전인 조선 전기에는 왕이 보았던 어람용 의궤는 주로 규장각에, 일반 의궤는 의정부, 예조와 춘추관, 충주, 전주, 성주의 4대 사고에 나누어 보관했어요.

　　사고에는 주로 《조선왕조실록》을 보관했는데 실록뿐만 아니라 왕실의 족보, 역사서 등 국가에서 편찬한 주요 문헌들도 보관 목록에 포함되었어요. 물론 국가의 중요한 기록물인 의궤도 빠지지 않았지요.

　　각각의 의궤가 어느 곳에 보관되어 있었는지 알고 싶으면 의궤의 표지를 보면 돼요. 의궤의 표지에는 책의 제목과 만든 때, 보관 장소가 적혀 있거든요. 예를 들어 표지에 '예조상'이라고 써 있으면 이 의궤는 예조에 보관되어 있던 것이고, '오대산상'이라고 써 있으면 오대산 사고에 보관되어 있던 것이지요.

　　임진왜란 뒤에는 사고를 서울의 춘추관, 강화도의 마니산, 평안도 영변의 묘향산, 경상도 봉화의 태백산, 강원도 평창의 오대산 등

여기서 잠깐!

사진은 의궤의 표지예요. 표지를 보고 어떤 의궤이며, 언제 만들어졌는지, 어디에 보관되어 있었는지 적어 보세요.

계해년 건륭8년

대사례의궤

의정부상

제　　목 _____

만 든 때 _____

보 관 장 소 _____

정답은 56쪽에

14

정족산 사고

다섯 곳에 마련했어요. 춘추관 사고를 제외하고는 모두 험준한 산 속으로 사고를 옮겼지요. 그 뒤 묘향산 사고는 적상산으로 옮기고, 마니산 사고는 정족산으로 옮겨 조선 시대 말까지 정족산, 오대산, 태백산, 적상산 4곳에 사고가 있었어요.

〈해동지도〉 중 봉화현 지도
옛날에는 지도에 사고가 있는 곳을 반드시 표시했어요. 사고를 그만큼 중요하게 여겼기 때문이지요.

그런데 험한 산 속에 있는 사고는 누가 지켰을까요? 바로 근처의 절에 사는 승려들이었어요. 각 사고는 경비를 맡은 수호사찰이 정해져 있었는데, 정족산 사고는 전등사, 적상산 사고는 안국사, 태백산 사고는 각화사, 오대산 사고는 월정사가 수호사찰로 자리해 있었지요.

사고가 산 속으로 간 까닭은?

사고는 원래 사람들이 많이 오가는 시가지에 있었어요. 도시의 중심지에 설치하면 아무래도 관리하기 편하다고 생각했던 것이지요. 그런데 오히려 이 점 때문에 훼손되는 일이 생겼어요. 사고에 불이 나거나 실록과 문헌 등을 도둑맞기도 했거든요. 임진왜란 때에는 왜적이 쉽게 침입해 사고의 서적들이 불타 버렸지요. 그래서 전쟁이 끝난 뒤 사고를 험준한 산 속으로 옮겼어요. 가까이 가기 어려운 곳에 사고를 두어 화재나 도난과 같은 사고를 미리 막고자 했던 것이지요.

사고를 지켰던 승려들은 외적의 침입과 같이 위급한 때에는 군사로 전쟁에 참여하기도 했어요. 이들을 승려 신분의 병사라 하여 승병이라고 했지요. 승병들을 비롯하여 사고를 안전하게 지키고자 노력했던 선조들이 있었기에 오늘날 우리가 의궤를 문화 유산으로 간직할 수 있답니다.

대표적인 의궤 보관소, 외규장각

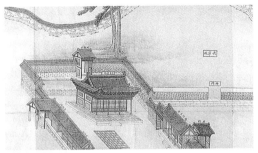

〈강화부궁전도〉 중 외규장각도(위)와 복원된 외규장각(아래)
위의 그림에 보이는 건물은 강화부 행궁터에 있었던 외규장각
이에요. 아래 사진의 건물은 〈강화부궁전도〉를 참고해 최근 복
원한 외규장각의 모습이에요.

의궤를 보관한 또 하나의 장소가 있었어요. 바로 강화도에 있는 외규장각이에요. 외규장각을 지은 임금은 정조였어요. 1776년 25세의 젊은 나이에 임금의 자리에 오른 정조는 제일 먼저 학문을 배우고 닦는 기구인 규장각을 만들었어요. 그런데 많은 사람들이 드나드는 궁궐 안 규장각에 중요한 국가 기록물들을 보관하기가 불안했어요. 그래서 강화도에 외규장각을 짓도록 명령했지요.

그러면 왜 강화도였을까요? 강화도는 교통이 좋고 외적의 침입을 막는 데 유리한 위치에 있었어요. 사면이 바다로 막혀 있어 육지로 쳐들어오는 적의 침입을 막기에 좋았고, 한강을 통해 서울로 들어오는 길목에 있어서 철통 같은 수비가 이루어졌지요. 그래서 중요한 나라의 기록물을 보관하기에 더없이 안전한 곳으로 여겼던 거예요.

정조가 외규장각 공사를 명령한 지 11개월이 지난 1782년 2월에 드디어 외규장각이 완공되었어요. 외규장각에 왕실 관련 물품을 옮기면서 규장각에 보관했던 대부분의 어람용 의궤도 외규장각으로 옮겼어요. 이 때부터 100여 년 동안 외규장각은 조선 후기 왕실 문화의 보물창고 역할을 했지요.

나는 무사일까요?

나는 왕자의 태 항아리를 보관한 곳이에요. (27쪽을 보세요.)

(   )

정답은 56쪽에

프랑스에 도둑맞은 의궤

하지만 우리의 기록 유산이 잘 보관된 외규장각도 1866년 **병인양요** 때 프랑스군이 쳐들어오는 바람에 크게 파괴되고 말았어요.

당시 강화도에 머물렀던 프랑스군은 조선 군대의 강렬한 저항에 부딪혀 40일 만에 물러갔어요. 하지만 떠나면서 외규장각에 보관되어 있던 중요한 문서들에 손을 댔지요. 특히 그들의 눈에 띄었던 것은 비단 표지로 싸고 안에는 아름다운 그림이 있는 어람용 의궤들이었어요. 프랑스군은 189종 340여 **책**의 의궤를 약탈하고 외규장각마저 불태웠어요. 이때 외규장각에 남아 있던 6천여 책에 달하는 귀중한 서적들도 불길에 휩싸여 세상에서 사라지고 말았답니다.

프랑스군이 훔쳐 간 의궤 가운데 191종 297책은 현재 파리국립도서관에 소장되어 있어요.

되살아난 외규장각

외규장각의 복원 작업은 1995년 12월에서 2001년 10월까지 진행되었어요. 한림대학교 박물관에서 외규장각이 있던 자리를 조사·발굴하여 건물의 규모와 특징 등을 밝혀냈지요. 이를 토대로 정조 시대에 있었던 외규장각의 모습을 되살릴 수 있었답니다.

📖 **병인양요**
흥선 대원군이 천주교도들을 탄압했다는 이유로 1866년 프랑스함대가 강화도에 침입한 사건이에요.

📖 **책**
우리가 눈으로 보는 책 모양으로 묶여진 것을 말해요. 그래서 한 책에 2권의 내용이 들어 있는 경우도 있어요. 이와 달리 내용별로 묶어 놓은 것을 '권'이라고 해요.

프랑스군이 훔쳐간 것은 중요한 책과 문서들만이 아니었어요. 은괴 19상자와 갑옷, 투구, 지도, 가면, 여러 가지 기록이 적혀 있는 족자 등 귀중한 보물들을 많이 가져갔지요.

《휘경원원소도감의궤》
정조의 빈이자 순조의 생모인 수빈 박씨의 무덤을 양주
배봉산에 모신 일을 기록한 의궤예요. 제목에 있는 '원(園)'
은 왕이나 왕비의 무덤인 '능'과 달리, 왕의 후궁, 세자, 세
자빈의 무덤을 가리키는 말이에요.

우리 품에 돌아온 의궤

　프랑스 군대가 훔쳐 갔던 의궤는 파리국립도서
관으로 옮겨졌지만 처음에는 중국 책으로 잘못 분
류되어 창고에 처박히는 신세가 되었어요. 그러던
중 1975년 파리국립도서관에서 일하던 박병선 씨
가 조선 시대의 어람용 의궤가 보관되어 있다는
사실을 알아냈어요. 그리고 의궤의 목록을 정리하
여 세상에 알렸지요.

　그 뒤 프랑스에 있는 의궤 하나가 우리 품으로
돌아올 기회를 맞았어요. 1993년 프랑스 미테랑 대
통령이 우리나라를 방문하는 길에 《휘경원원소도감의궤》를 가지고 와
돌려주면서 외규장각의 다른 도서도 모두 돌려줄 뜻이 있음을 내비쳤
지요. 당시 우리나라의 경부고속철도 **부설권**을 따내려는 속셈 때문이
었어요. 하지만 프랑스는 철도 부설권을 얻은 뒤 지금까지도 이 약속
을 지키지 않고 있어요.

부설권
다리나 철도 같은 것을 설치할
권리예요.

여기서 잠깐! 제목을 달아 보세요.

　오른쪽 사진은 2007년 3월 7일자 프랑스 일간지인 〈르 몽
드〉지에 실린 의궤에 관한 광고예요. 광고 제목은 "우리 문화
유산의 주요 부분인 외규장각 도서를 돌려 주지 않으면 한국인은 잠들
지 못한다."라고 적혀 있어요.
광고의 가운데에는 미테랑 대통령이 돌려 준 《휘경원원소도감의궤》가
쇠사슬로 꽁꽁 묶여 있고 자물쇠에는 프랑스 국기가 그려져 있어요.
미테랑 대통령이 의궤를 돌려 주겠다고 한 약속을 지켜야 한다고 프랑
스 국민에게 호소한 것이지요.
여러분이라면 의궤를 돌려 달라는 내용의 광고 제목을 어떻게 쓰고 싶
나요? 우리의 소중한 문화 유산을 되찾아오겠다는 간절한 마음을 담
아 빈칸에 적어 보세요.

☞ 도움말은 56쪽에

18

뿔뿔이 흩어진 의궤

의궤는 매우 아름다워서 외적이 침입했을 때 주로 탐을 내던 약탈물이었어요. 그래서 프랑스뿐 아니라 다른 나라도 의궤를 많이 약탈해 갔어요. 현재 파리국립도서관에 191종, 일본의 궁내청에 69종이 소장되어 있어요. 일본 궁내청에 있는 의궤는 일제 강점기에 일본이 가져간 것이지요. 그뿐 아니라 프랑스에서 다시 영국으로 유출*된 《기사진표리진찬의궤》는 영국의 대영도서관에 보관되어 있답니다.

이렇게 뿔뿔이 흩어져 버린 의궤는 끊임없이 다른 나라의 침략을 받아야 했던 조선의 가슴 아픈 역사를 말해 주고 있어요. 지금이라도 흩어진 우리 유산들을 되찾아 와야겠지요? 외교통상부는 여러 나라에 약탈당한 의궤의 반환을 공식적으로 요청하며 교섭을 벌여 오고 있어요.

귀중한 문화재를 되돌려받기 위해서는 우리의 국력이 강해져야겠지만, 그보다 먼저 우리 국민 모두가 선조들이 남긴 유산을 소중히 지키려는 마음을 가져야 할 거예요.

*유출 : 사물이 밖으로 나감을 뜻하는 말이에요. 문화재 등이 외국으로 나가는 것을 뜻하기도 해요.

의궤로 본 재미있는
왕실 행사

이제 의궤에 조선 왕실의 행사가 기록되어 있다는 사실은 다들 알았지요?

그러면 왕실 행사에는 어떤 것이 있었을까요?

먼저 왕자의 탄생, 혼인, 왕의 즉위, 사망과 같이 왕의 일생과 관련된

행사가 있었어요. 또 제사, 건축, 기우제, 역사 편찬 사업과 같은 국가적인

행사가 있는가 하면, 궁궐의 잔치, 왕의 초상화 제작과 같은 행사들도 있었지요.

의궤 덕분에 우리는 이런 행사들이 어떻게 진행되었는지 알 수 있답니다.

그럼, 이 가운데 대표적인 행사들과 그 행사들을 기록한 의궤에 대해 알아보아요.

《가례도감의궤》
왕실의 혼례 의식을 담은 책

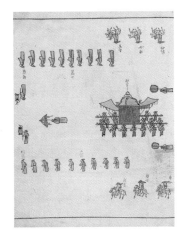

《소현세자가례도감의궤》
남아 있는 《가례도감의궤》 중에 가장 오래된 의궤예요. 1627년 12월 27일에 소현 세자가 강빈과 혼례를 올리는 내용을 담았어요.

　왕이나 왕세자의 혼례를 '가례'라고 하는데, 여러 왕실 행사 중에서도 가장 성대하고 흥겨운 잔치였어요. 이런 가례 의식을 자세하게 기록한 의궤가 바로 《가례도감의궤》이지요. 1627년(인조 5년) 소현 세자의 가례에서부터 1906년 조선 시대의 마지막 임금인 순종의 가례까지 모두 20여 종이 《가례도감의궤》로 남아 있어요.

　《가례도감의궤》를 살펴보면 가례 의식이 어떻게 변화해 왔는지 알 수 있어요. 조선 후기로 오면서 가례 행사의 규모가 커지고 행사의 내용도 더 잘 정리되어 있지요. 처음에는 1책으로 만들었는데, 《영조정순후가례도감의궤》부터는 2책으로 만들어 의식의 내용과 절차를 더욱 상세하게 정리했어요.

　특히 《영조정순후가례도감의궤》는 세자가 아닌 임금의 자리에 있던 사람의 결혼식을 기록한 책이라는 점에서 매우 중요한 의미를 지닌답니다.

가례의 육례 의식

육례는 가례의 기본이 되는 의식이에요. 납채, 납징, 고기, 책비, 친영, 동뢰 의식이 차례대로 이뤄져요.

납채
간택된 규수가 머무는 별궁에 사신을 보내 임금의 청혼서를 주는 의식이에요.

납징
간택된 규수에게 혼인의 징표로 예물과 왕실의 옷 등을 보내요.

고기
가례를 올리기 좋은 날을 정해 임금에게 보고하고 별궁에 알려 줘요.

그러면 《가례도감의궤》에 기록된 가례 의식을 들여다볼까요. 왕비가 될 규수가 선택되면 모두 여섯 절차로 이루어진 '육례'가 진행돼요. 육례 중에서도 왕이 왕비를 모셔오는 친영은 가장 중요한 행사였어요. 우리나라 혼례에는 신랑이 신부 집에 가서 신부를 직접 데려오는 풍습이 있었는데, 왕실에서는 친영이 그에 해당하는 절차였지요. 친영 의식은 중요한 행사이니만큼 반차도에도 매우 자세하고 화려하게 그려 놓았어요. 결혼식에 참여한 사람들의 모습이나 입고 있는 옷, 의장기 등이 입체적이고 생동감 있게 표현되어 있지요. 이렇게 화려하고 아름다운 반차도 때문에 《가례도감의궤》를 의궤 가운데 으뜸으로 여긴답니다.

나는 무엇일까요?

나는 가례에서 신랑인 임금을 태우는 가마예요. 백성들이 임금의 얼굴을 볼 수 있도록 사방이 모두 열려 있지요. (43쪽을 보세요.)

( )

정답은 56쪽에

책비
가례를 올리기 전에 별궁에서 왕비를 책봉하는 의식이에요.

친영
왕이 직접 별궁으로 가서 왕비를 데려오는 의식이에요. 왕과 왕비의 가마 행렬이 궁궐로 들어오지요.

동뢰
결혼식을 올린 뒤 궁중에서 여는 잔치예요. 왕이 왕비와 서로 절하고 술을 주고받는 의식을 치르지요.

활쏘기 행사를 담은 책

《대사례의궤》
영조가 성균관에서 연 대사례를 기록한 의궤예요. 대사례는 주로 왕의 권위를 과시하기 위해 열었어요.

조선 시대에는 왕이 신하들을 격려하고 화합을 이루기 위해 활쏘기 행사를 정기적으로 열었어요. 왕과 신하가 한 자리에 모여 활을 쏘고, 점수를 매겨 상을 주거나 벌을 내렸지요. 이것이 바로 '대사례'예요. 《대사례의궤》는 대사례의 과정을 기록하고 그림으로 나타낸 의궤랍니다.

조선 시대에 대사례가 열렸던 때는 성종, 연산군, 중종, 영조 대 4차례였어요. 하지만 의궤로 기록한 것은 영조대 한 번뿐이지요. 중종 이후에는 오랫동안 대사례를 열지 못하다가 200여 년 만인 1743년 윤4월 7일에 영조가 성균관에서 대사례를 열어 유생들을 격려했어요. 영조는 당시 최고의 교육 기관이었던 성균관에서 대사례를 열어 유생들에게 거는 기대가 그만큼 크다

《대사례의궤》의 주요 장면

'어사례도'와 '시사례도', '시사관 상벌도'의 일부예요. 어사례도는 왕이 활을 쏘는 시범을 보이는 그림이고, 시사례도는 뒤이어 신하들이 활을 쏘는 그림이에요. 시사관 상벌도는 활을 다 쏜 뒤 상과 벌을 주는 그림이랍니다.

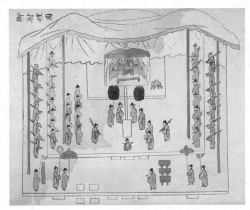

어사례도(일부분)
왕이 앉는 자리와 사람들이 늘어선 모습. 그림에는 나타나 있지 않지만 음악을 연주하는 사람들, 과녁과 그 옆에 깃발 든 사람 등 활쏘기 행사의 전체적인 모습을 알 수 있어요. 행사장 앞쪽에는 붉은색 문을 세워 왕의 위엄을 더했지요.

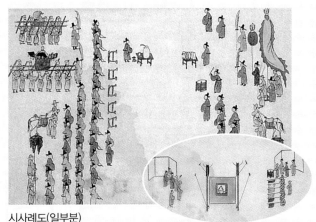

시사례도(일부분)
신하들이 두 명씩 짝을 지어 서 있어요. 과녁 옆에는 깃발이 있는데, 화살이 한가운데 맞으면 빨강, 위쪽에 맞으면 노랑, 아래쪽에 맞으면 검정, 왼쪽에 맞으면 파랑, 오른쪽에 맞으면 하양 깃발을 올렸어요. 의궤에는 누가 왼손잡이인지 과녁은 몇 번 맞혔는지도 기록되어 있어요.

는 것을 보여 주었어요.

의궤에는 대부분 행사의 중요한 순간만 그린 반차도가 들어 있어요. 그런데 《대사례의궤》에는 시간 순서대로 진행된 행사의 모든 장면이 담겨 있답니다. 의궤의 앞부분에 실린 '어사례도', '시사례도', '시사관 상벌도'라는 세 장의 그림으로 그 날의 행사 모습과 분위기를 알 수 있지요.

왕과 신하들의 활쏘기가 끝나면 무과에 응시한 사람들 가운데 1차 합격자들을 불러 왕 앞에서 활을 쏘게 했어요. 그 성적에 따라 무과의 최종 합격자를 뽑았지요. 합격자 명단 발표를 끝으로 행사를 마무리했답니다.

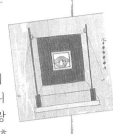

왕이 썼던 과녁 웅후

왕이 활을 쏠 때는 신하들과 구별되는 특별한 과녁을 사용했어요. 붉은 바탕에 곰의 머리를 그려 넣은 웅후랍니다. 중국의 황제는 호랑이 모양을 그려넣은 호후를 사용했어요.

대사례에서 신하들은 푸른색 바탕에 사슴 머리를 그려 넣은 마후를 썼지요.

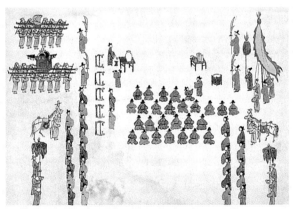

시사관 상벌도(일부분)

이제 활쏘기가 끝나고 잘 맞힌 사람에게는 상을 주고 못 맞힌 사람에게는 벌을 주는 시간이에요. 상은 옷감이나 활과 화살을 주었고, 벌은 술을 마시는 것으로 했지요. 즐거운 축제였기 때문에 그다지 무거운 벌을 내리지는 않았어요.

여기서 잠깐!

예부터 활쏘기는 무예를 단련하는 것뿐 아니라 마음을 다스리는 데에도 매우 중요한 활동으로 여겼어요.

유교의 경전인 《예기》에는 '활쏘기는 덕을 보는 것이며, 덕은 그 마음에 있는 것이다. 그러므로 군자가 활쏘기를 하는 것은 그 마음을 보존하는 것이다.'라고 쓰여 있어요. 임금이 활쏘기 행사를 연 데에도 관리들의 정신을 바로하고 국가의 기강을 바로 세우려는 숨은 뜻이 담겨 있었지요.

태를 보관하는 태실에 관한 책

《정종대왕태실가봉의궤》

正宗大王胎室加封儀軌

嘉慶六年十月 日 江原道寧越府

정조가 태어났을 때 태를 보관한 태실에 대해 쓴 의궤예요. 《태실의궤》는 길이가 세로로 긴 것이 특징이지요.

여러분은 모두 배꼽이 있지요? 배꼽은 엄마 배 속에서 태아에게 영양분을 전해 주었던 태반과 이어진 탯줄을 자른 자국이에요. 이 태반과 탯줄을 합쳐 '태'라고 하지요. 아기가 태어나면 태가 밖으로 나오는데, 옛날에는 이것을 생명의 시작으로 보고 신성하게 여겼어요.

특히 왕실에서는 태가 나라의 운명과 관계 있다고 믿었어요. 그래서 임금이 될 아기가 태어나면 태를 항아리에 넣어 좋은 땅에 묻어 두었지요. 그 태를 모신 곳이 바로 '태실'이에요. 《태실의궤》는 이러한 태실의 규모, 태 항아리의 모양, 태실에 세운 돌 조각의 모양, 태실에 제사 지내는 의식 등을 기록한 의궤예요.

왕비나 세자빈이 아기를 낳을 때가 가까워 오면 먼저 출산에 필요한 일을 맡는 '산실청'을 설치해요. 아기가 태어나면 왕이 몸소 산실을 방문해 문 위에 달아 놓은 방울을 흔들어 경사를 알렸지요. 그리고 나서 태를 태실에 모셨어요.

조선 18대 임금 현종의 딸인 명안 공주의 태 항아리예요. 태 항아리는 조선 시대 최고의 백자를 사용했기 때문에 지금도 국보급 문화재로 평가받고 있답니다.

태를 모시는 과정

왕실에서 태어난 왕자와 공주의 태는 태 항아리에 담아 태실에 보관했어요. 태실에는 이름을 새긴 비석과 각종 조각물을 세워 왕실의 위엄을 더했지요.

태를 백 번 정도 깨끗이 씻어 항아리에 넣어요. 기름종이와 파란 명주를 덮고 항아리 입구는 빨간 끈으로 묶어요.

태를 담은 항아리를 다시 큰 항아리에 담고 작은 항아리 주위의 빈틈을 솜으로 채워요.

땅을 파서 그 안에 돌로 석실을 만들고 태 항아리를 넣은 뒤 흙으로 덮어요. 그 위에 비석과 돌로 만든 조각물을 세워요.

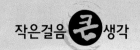

서삼릉으로 옮겨진 태실

서삼릉에 모여 있는 태실

경기도 고양시 원당동의 서삼릉에는 조선 왕실의 태실 53위*가 있어요. 왜 여기에 이렇게 많은 태실이 있을까요?

태실은 원래 명당*만을 골라서 만들었어요. 그래서 어느 한 곳이 아니라 전국 곳곳의 명당에 태실이 있었지요. 그런데 일제 강점기에 일본이 태실을 모두 파내어 서삼릉으로 옮겨 버렸어요.

태실이 있는 곳에 살았던 사람들은 자신들이 사는 곳에 있는 태실을 매우 자랑스럽게 여겼어요. 그런데 일제 총독부는 사람들이 조선의 왕실을 떠올리거나 존경하는 것을 싫어했지요. 조선 사람들을 다스리기 어려워질까 봐 두려웠던 거예요. 그래서 조선 왕실을 상징하는 태실을 없애 버렸어요. 대신 태실이 있던 자리는 일본 사람들의 무덤으로 썼답니다.

서삼릉으로 옮긴 태실도 원래 있던 비석과 돌조각을 없애고 한자로 일(日)자 모양의 담을 둘러쳐서 그 안에 아무렇게나 놓았어요. 심지어 태실을 파내어 태 항아리를 훔쳐 가기도 했지요.

*위 : 태실을 세는 단위예요.
*명당 : 후손에게 좋은 일이 많이 생기게 한다는 무덤의 자리나 집터를 말해요.

《어진도사도감의궤》
1901년에서 1902년까지 고종과 황태자의 초상화를 그린 과정을 기록한 의궤예요. 이 의궤는 《어진도감의궤》 중에서도 가장 자세하고 많은 내용을 담고 있어요.

《어진도감의궤》
어진 그리는 과정을 담은 책

사진이 없었던 조선 시대에는 초상화를 그려 서원이나 사당에 거는 일이 크게 유행했어요. 왕과 왕후, 공신, 승려, 사대부, 부부상 등 다양한 초상화를 그렸지요. 그 가운데 왕의 초상을 특별히 '어진' 또는 '어용'이라고 불렀어요.

어진을 그리는 일은 국가적인 행사로 여겼어요. 그래서 어진을 그릴 때 도감을 설치하고 그 과정을 기록했는데, 그것이 바로 《어진도감의궤》예요. 《어진도감의궤》에는 어진을 그리는 데 썼던 문서나 어진을 그릴 화원들을 뽑는 과정, 사용한 물품의 수량 등이 자세하게 실려 있어요. 《어진도감의궤》는 모두 9권이 남아 있지만, 실제 왕의 모습을 직접 보고 그렸던 어진은 아쉽게도 태조, 영조, 철종의 어진 3종만 남아 있어요.

어진은 살아 있는 왕의 모습을 직접 보고 그린 '도사'와, 왕이 죽은 뒤에 남아 있는 그림이나 자료를 보고 그린 '모사'로 나뉘어요. 꼭 직접 얼굴을 보고 그렸던 것은 아니었지요.

조선 시대 화원들은 어진을 비롯한 초상화를 그릴 때 털 하나, 곰보 자국 하나도 완벽하게 표현하려고 했어요. 뿐만 아니라 그 사람의 정신까지 그림으로 나타내려 했지요. 그림을 그리는 것만도 어려운데 그림에 정신까지 담아내려 했으니 얼마나 어려웠을지 짐작이 가지요?

어진을 완성했다고 해서 행사가 다 끝난 것은 아니었어요.

조선 영조 때의 문신 이천보를 그린 초상화예요. 눈가의 주름은 물론 수염 한 올까지 섬세하게 그렸어요.

다 그린 어진을 보관하는 봉안 의식이 남아 있었지요. 의궤에 실린 반차도에는 어진을 실은 가마 뒤로 성대한 행렬이 나타나 있어요. 어진의 봉안이 얼마나 중요했는지 알 수 있지요. 《어진도감의궤》에는 이 모든 과정이 기록되어 있답니다.

용교의
어진을 그릴 때 임금이 앉았던 의자예요. 접었다 폈다 할 수 있는 이동식 의자이지요.

오봉병
임금의 자리 뒤에 세웠던 병풍이에요. 붉은 해는 왕을, 흰 달은 왕비를, 다섯 봉우리는 왕실의 위엄을 나타내지요.

풍속화가 김홍도, 어진을 그리다

서민들의 생활을 잘 그린 것으로 유명한 김홍도는 인물화, 산수화, 불교 그림, 꽃과 새 그림 등에 두루 뛰어난 천재 화가였어요. 그런 김홍도가 영조와 정조의 어진을 그렸다는 사실을 알고 있나요?
김홍도의 스승인 강세황이 쓴 김홍도 전기를 보면 영조의 어진을 그릴 때 김홍도를 불러 일을 맡겼다는 내용이 있어요. 정조의 어진을 그려 크게 칭찬받은 일도 적혀 있지요. 김홍도는 그 공로로 벼슬까지 얻었어요.

영조 임금의 어진

어진을 그린 사람들

왕의 초상화를 그리는 사람은 당연히 그 시대 최고의 화가였겠지요? 조선 시대의 유명한 화가는 국가 기관인 도화서에 속해 있었어요. 이들을 화원이라고 했지요. 어진을 그리는 화원은 크게 주관화사, 동참화사, 수종화원으로 나눌 수 있어요. 선발 과정도 무척 까다로워 초상화를 그리는 실기시험을 거쳐 뽑았답니다.

주관화사는 가장 중요한 얼굴과 전체 윤곽을 담당했어요. 어진을 그린 주관화사는 사람들이 앞다투어 초상화를 맡길 만큼 큰 영예를 얻었답니다.

주관화사(1명)

수종화원은 그림을 그리는 데 필요한 각종 심부름 등을 하면서 배울 기회를 얻었어요.

수종화원(3~4명)

동참화사(1~2명)
동참화사는 옷 부분을 그리거나 색칠을 맡았어요.

《원행을묘정리의궤》

화성 행차를 담은 책

《원행을묘정리의궤》
《원행을묘정리의궤》 중 한 권이에요. 화성 행차 동안 벌인 궁중 잔치와 군사 훈련, 왕의 행렬 등 여러 행사의 모습이 담겨 있지요. 궁중 생활사 연구에 귀중한 가치를 지녀요.

조선 시대 왕의 행차는 여러 신하들을 거느린 성대한 행렬이었어요. 그 가운데 정조가 어머니 혜경궁 홍씨를 모시고 아버지 사도 세자가 묻혀 있는 화성(지금의 수원)을 다녀온 8일 동안의 행차는 조선 시대를 통틀어 가장 장엄하고 화려했지요. 이를 기록한 의궤가 《원행을묘정리의궤》예요.

《원행을묘정리의궤》는 사도 세자의 무덤인 현륭원에 행차했다고 해서 '원행', 1795년이 을묘년이어서 '을묘', 정리자라는 활자로 인쇄하여 '정리'라는 이름을 합친 거예요.

조선 시대 의궤는 사람이 직접 손으로 쓰고 그림을 그린 것이

화성 행차에 담긴 뜻
화성 행차에는 정조의 효심이 담겨 있어요. 그렇다고 단순히 어머니의 회갑연을 위해 행사를 마련한 것은 아니었어요. 자신이 건설한 화성과 대규모 군사 훈련을 통해 신하들과 백성들에게 강한 왕의 모습을 보여 주려 했던 것이지요. 나라를 개혁하겠다는 정조의 굳은 의지가 담긴 행사가 바로 화성 행차였답니다.

화성 행차 8일 동안의 일정

1795년 윤2월 9일, 창덕궁을 출발하여 다시 돌아오기까지 8일 동안의 행렬을 따라가 보아요.

첫째날(윤2월 9일)
화성으로 향하는 행렬이 36척의 배를 이어 한강 위에 만든 배다리를 건너요. 노량행궁을 지나 시흥행궁에 도착해 하룻밤을 묵어요.

둘째 날(윤2월 10일)
행렬이 저녁에 화성행궁에 도착했어요. 화성에 들어가기 전에 정조는 왕의 당당한 모습을 보이기 위해 갑옷으로 갈아 입었어요.

셋째 날(윤2월 11일)
정조는 공자를 모신 사당에 참배하고 문·무과 시험을 실시해요. 이 날 저녁에는 회갑 잔치의 예행 연습을 했어요.

넷째 날(윤2월 12일)
정조는 어머니인 혜경궁 홍씨와 함께 현륭원에 가서 참배하고, 5천 명의 친위부대와 야간 군사훈련을 했어요. 이 훈련은 강력한 왕권을 나타내려는 행사였지요.

〈화성능행도〉 중에서 화성성묘전배도
정조와 혜경궁 홍씨가 사도 세자의 묘소에 참배
하는 장면을 그린 반차도예요.

대부분이었는데, 《원행을묘정리
의궤》는 활자로 인쇄한
최초의 의궤예요. 총
10권 8책으로 이루어
져 있으니 그 내용이
얼마나 자세한지 알
수 있겠죠? 반차도
의 행렬에 나타난 사
람 수만 무려 1,779명이
었어요. 반차도에 나타나 있지는 않
지만 행사가 열리는 곳에 미리 가
있거나 행렬의 정리를 맡은 사람까
지 포함하면 행사 참여 인원이
6,000여 명에 이르렀어요. 행사 자
체의 규모도 어마어마했지요.

나는 무어 알까요?

나는 어진을
그릴 때 왕이나
왕세자가 앉았던 의자예요.
접었다 펼쳤다 할 수 있는
이동식 의자이지요.
(29쪽을 보세요.)

( )

정답은 56쪽에

다섯째 날(윤2월 13일)
화성의 봉수당에서 혜경궁
홍씨를 위한 성대한 회갑
잔치가 열렸어요. 정조와 신
하들이 차례로 혜경궁 홍씨
에게 술잔을 올렸어요.

여섯째 날(윤2월 14일)
화성의 가난한 백성들에게 쌀을
나눠 주고 노인들에게 양로 잔
치를 베풀었어요. 이 때 노인들
에게 차려 준 밥상은 정조의 밥
상과 똑같았어요.

일곱째 날(윤2월 15일)
떠나올 때와 똑같이 다시 서울로
출발했어요. 오는 도중에 정조는
구경 나온 백성들의 고민을 듣고
해결해 주기도 했어요. 시흥에
도착해 하룻밤을 묵어요.

마지막 날(윤2월 16일)
한강의 배다리를 건너 창덕궁
으로 돌아왔어요. 정조는 행
차를 수행한 신들과 군사들
을 위로하는 잔치를 베풀고
후한 상을 내렸어요.

화려한 궁중 잔치를 담은 책

《기사진표리진찬의궤》
순조의 어머니 수빈 박씨의 회갑잔치 때 음식을 올리는 의식을 기록한 의궤예요. 병인양요 때 프랑스군이 훔쳐 간 것을 다시 영국에 팔아서 지금은 영국 대영도서관에 보관되어 있어요.

조선 시대에는 왕이나 왕비의 생일을 축하할 때, 세자가 태어났을 때, 왕세자의 책봉을 기념할 때, 외국 사신을 맞이할 때, 동짓날이나 설날과 같은 때에 궁궐에서 성대한 잔치를 베풀었어요. 이런 잔치를 '연향'이라고 하는데, 나라의 경사를 기념하여 열린 궁중 잔치를 담은 것을 《진연의궤》, 왕·왕비·왕대비 등의 지위를 높일 때 행한 의식을 기록한 것을 《진작의궤》, 왕·왕비·왕대비의 기념일을 맞아 음식을 올리는 의식을 쓴 것을 《진찬의궤》라고 해요.

궁중 잔치를 정리한 의궤에는 잔치에 올린 음식에서부터 잔치 때 공연한 궁중 음악과 궁중 무용, 춤을 춘 기생들의 복장과 명단, 왕실에 바친 꽃 등 자세한 내용이 기록되어 있어요.

〈봉수당진찬도〉의 일부
봉수당에서 열린 혜경궁 홍씨의 회갑 잔치를 그린 그림이에요.

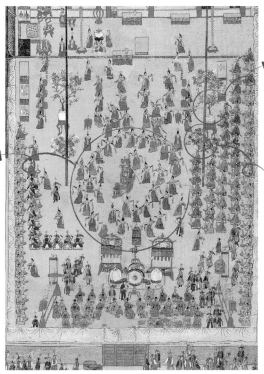

준화
병에 꽂아 장식한 꽃이에요.

선유락
배 주위에 여러 명의 기생들이 서서 배가 가는 시늉을 하며 춤을 추고 있어요.

상화
바닥에 꽂는 조화예요.

궁중 잔치를 정리한 의궤에는 앞부분에 '도식'이라는 항목이 있어요. 잔치에 관한 자세한 그림들을 모아 놓은 것인데, 여기에는 잔치 그림, 무용 그림, 잔치 그릇과 여러 물건의 그림, 악기 그림, 옷 그림 등이 실려 있지요.

궁중 잔치 때는 중국에서 전래된 당악과 우리 고유의 향악을 연주하고, 궁중 무용인 '정재'를 선보였어요. 이러한 궁중 잔치는 왕실의 위엄을 드러내는 자리였어요. 음악을 연주하는 악공이나 춤추는 기생, 무동들에게는 자기의 실력을 마음껏 뽐낼 수 있는 무대이기도 했지요.

나는 무엇일까요?

나는 왕이 죽어 국장을 지낼 때 썼던 탈이에요. 나를 머리에 쓴 사람은 수레를 타고 국장 행렬에 참여하지요. (35쪽을 보세요.)

(   )

정답은 56쪽에

무용수들의 이름

명선, 명옥, 영애, 연심, 선옥, 진월……. 조선 시대 기생들의 이름으로 《진찬의궤》의 '공령'이라는 항목에 나와 있어요. 궁중 무용에 참여한 기생들의 이름을 모두 기록한것이지요. 조선 시대에 기생은 천시받는 신분이었지만 왕실 최고의 행사를 기록한 의궤에 이름을 올려 자부심을 갖게 해 주었어요.

 무동
조선 시대 궁중 잔치 때 춤추고 노래부르던 아이를 뜻해요.

여기서 **잠깐!** 이것은 의궤에 실려 있는 궁중 잔치에 썼던 도구들이에요. 그림과 설명을 짝지어 보세요.

준화상
꽃을 꽂은 화병을 올려 놓는 탁자예요.

서배
무소뿔로 만든 술잔이에요.

합립 황홍장미
춤추는 기생들이 썼던 조개 모양의 모자예요.

화준
꽃이 그려진 술단지예요.

수대
수가 놓여진 허리띠예요.

화관
춤추는 기생들이 머리에 썼던 꽃으로 장식한 모자예요.

정답은 56쪽에

《국장도감의궤》
왕의 장례 의식을 담은 책

《국장도감의궤》
1800년 6월 28일에 죽은 정조의 장례식 과정을 기록한 의궤예요. 표지에 쓰여진 '정종대왕'은 정조를 가리키는 말이에요.

'삼년상'이라는 말을 들어보았나요? 예부터 우리나라에 전해 오는 풍습으로 부모님이 돌아가시면 3년 동안 흰 옷을 입고 고기를 먹지 않으며 부모님을 기리는 의식이에요. 부모님이 돌아가셨을 때에도 이렇게 예의와 정성을 들였으니 하물며 나라의 임금이 죽었을 때에야 말할 것도 없겠지요.

임금이 죽으면 먼저 장례를 담당할 도감을 설치했어요. 장례를 책임지는 '국장도감', 시신을 모시는 일과 임금의 빈소에 조문 온 손님들을 맞이하는 '빈전도감', 무덤을 만드는 '산릉도감'이지요.

임금이 죽으면 신하들은 흰 옷에 흰 신발과 버선을 신고, 3일 동안 아무 것도 먹지 않았어요. 궁궐에서는 음악 연주를 금지했지요. 백성들도 임금의 죽음을 슬

임금을 부르는 외침
임금이 죽으면 꼭 해야 하는 절차가 있어요. 먼저 시신을 머리가 동쪽으로 향하도록 눕혀요. 그런 다음 내시가 입과 코 위에 솜을 놓고 숨을 쉬는지 살펴요. 임금이 죽은 것을 확인한 뒤에는 평소 임금이 입었던 옷을 가지고 임금의 시신을 모신 궁궐 지붕에 올라가 "상위복!!" 하고 세 번을 외쳐요. 이 말은 떠나는 임금의 혼을 향해 "돌아오라!"고 부르는 것이지요.

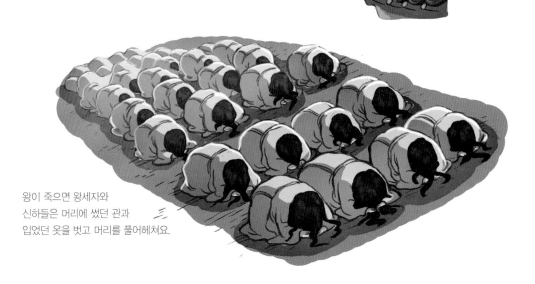

왕이 죽으면 왕세자와 신하들은 머리에 썼던 관과 입었던 옷을 벗고 머리를 풀어헤쳐요.

퍼하며 5일 동안 시장을 열지 않고 결혼이나 가축을 죽이는 일도 하지 않았어요.

상여가 궁궐을 떠나는 의식인 '발인'이 끝나면 무덤으로 향하는 국장 행렬이 시작되었어요. 정조가 죽었을 때는 이 행렬에 1,440명의 인원이 참여했고, 명성 황후의 국장 때에는 2,035명이나 참여했지요. 국장은 가례 때와 달리 음악을 연주하지 않고 엄숙한 분위기에서 치러졌어요.

나는 무엇일까요?

임금의 자리 뒤에 세웠던 병풍이에요. 어진을 그릴 때도 사용했지요. 해와 달, 다섯 봉우리의 산이 그려져 있어요. (29쪽을 보세요.)

(   )

정답은 56쪽에

📖 **상여**
시신을 모신 가마예요.

📖 **신주**
죽은 사람의 이름을 적은 나무 막대예요. 밤나무로 만드는데 위는 둥글고 아래는 각이 졌어요.

정조의 국장 행렬을 그린 반차도를 보면 중심에 왕의 시신을 모신 가마인 대여가 있어요. 140여 명이 메고 가는 대여의 양 옆에는 24명의 군사가 등불을 밝히고 그 바깥은 호위 군사들이 에워싸지요.

산릉도감에서 만들어 놓은 무덤 자리에 도착하면, 관을 묻고 혼을 위로하는 제사를 지냈어요. 이렇게 장례를 치르고 나서 3년이 지나면 국왕의 **신주**를 종묘에 모시는 행사를 했는데, 그 행사는 '부묘도감'에서 맡았지요.

악귀를 쫓는 방상시 탈

왕의 국장 행렬에는 방상시 탈을 쓴 사람이 탄 수레가 등장해요. 방상시란 악귀를 몰아내는 귀신이에요. 왕의 행차나 외국 사신을 맞이하는 궁중 행사, 국장 등에 쓰였지요. 특히 국장에 쓴 방상시 탈은 나무와 종이로 만들었는데, 장례가 끝나면 광 속에 묻거나 태워 버렸어요.

반차도에 보이는 방상시 탈을 실은 수레

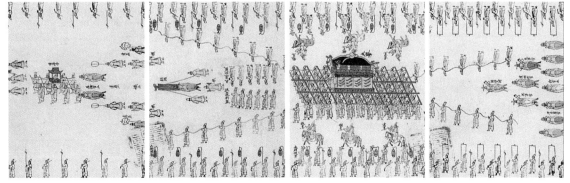

정조의 장례 의식을 기록한 《국장도감의궤》의 반차도 가운데 일부분이에요. 세 번째 그림에 있는 가마가 왕의 시신을 실은 대여예요. 첫 번째 그림에 있는 가마는 '향정자'예요. 향정자는 장례 때 향을 피우는 향로를 실은 작은 정자 모양의 가마랍니다.

타임머신 타고
영조의 **가례** 따라잡기

이제 조선 시대 왕실에 얼마나 다양하고 많은 행사가 있었는지 잘 알았지요.

바로 눈 앞에서 일어나는 일을 보는 것처럼 생생하게 그린 반차도가 있어

더욱더 흥미진진했을 거예요.

지금까지 알아본 여러 왕실 행사 중에서 여러분이 직접 가 보고 싶은 행사는

무엇인가요? 아무래도 분위기가 무거운 행사보다는 밝고 즐거운 행사가 좋겠지요?

그렇다면 행사 중에서도 가장 화려하고 흥겨웠던 가례에 가 보는 건 어떨까요?

가례가 가장 잘 정리되어 있는 《영조정순후가례도감의궤》 속으로 말이에요.

자, 이제부터 타임머신을 타고 조선 시대로 돌아가 영조와 정순 왕후의 가례

행렬에 참여해 봐요.

66세 영조, 15세 신부를 맞이하다

혹독한 왕비 수업

신부감을 정하는 삼간택에서 마지막으로 뽑힌 규수는 집에 돌아가지 않고 별궁에 머물렀어요. 별궁에서 왕이 맞으러 오는 친영 때까지 왕비가 되는 데 필요한 교양 수업을 받았지요. 수업은 나이가 많은 상궁이 지도했는데, 걸음걸이나 동작 등 궁중에서 갖춰야 할 예절과, 유교의 교리에 대해 공부했어요. 왕비가 되는 수업은 매우 엄격하고 혹독해서 많은 규수들이 별궁 생활을 무척 힘들어했다고 해요.

1759년 6월, 창경궁에서는 큰 잔치가 열렸어요. 35년 동안 왕의 자리에 있었던 영조가 왕비 정성 왕후를 여읜 뒤 두 번째 결혼을 하는 날이거든요. 그런데 두 사람의 나이 차이가 엄청나네요! 영조의 나이는 66세, 신부인 정순 왕후의 나이는 고작 15세이니 말이에요. 당시에는 임금의 나이에 상관없이 보통 15~18세의 처녀들 가운데 왕비를 뽑았기 때문에, 영조의 경우 어린 신부를 맞이할 수밖에 없었지요.

신하들은 왕의 결혼식이라는 국가 최고의 행사 준비로 바빴고, 왕의 결혼식을 직접 볼 수 있는 영광을 얻은 백성들의 마음도 덩달아 들떴어요.

《영조정순후가례도감의궤》에는 정순 왕후의 간택에서부터 왕실 혼인의 여섯 가지 예법인 '육례'가 자세히 나와 있어요. 그런데 반차도에는 왕이 별궁에 있는 왕비를 맞이하러 가는 친영 모습만 그려져

영조와 정순 왕후의 가례 육례 의식

1759년 6월 9일, 3차에 걸친 심사 끝에 정순 왕후가 왕비로 간택되었어요. 간택이 있은 뒤 결혼식 당일까지 날짜별로 어떤 의식을 치렀는지 알아보아요.

6월 13일 영조가 정순 왕후에게 사신을 보내 청혼서를 전달하는 납채 의식을 치렀어요. 혼인을 청하는 내용을 담은 것을 교명문이라고 하지요.

6월 17일 혼인의 징표로 패물을 보내는 의식인 납징이 있었어요. 이 의식은 요즘 함을 들이는 것과 비슷해요.

6월 19일 혼인 날짜를 정하는 고기가 있었어요. 혼인 날짜는 6월 22일로 잡았어요.

6월 20일 정순 왕후를 왕비로 책봉하는 의식인 책비를 행했어요.

6월 22일 영조가 별궁인 어의궁에 행차하여 왕비를 데리고 궁궐로 왔어요. 이 날의 친영 의식은 의궤에 반차도로 나타나 있어요.

6월 22일 영조와 정순 왕후가 결혼식을 올렸어요. 결혼식이 끝난 뒤에는 궁중 잔치인 동뢰가 열렸지요.

있어요. 친영이 가례의 가장 중요한 행사였기 때문이지요. 반차도가 행사 준비를 위해 행사 전에 그린 그림인만큼 영조의 친영을 그린 반차도도 행사 전에 그렸어요. 실제 친영일은 6월 22일이었지만 반차도는 6월 14일에 미리 그려 왕에게 바쳤다고 쓰여 있지요.

반차도는 의궤의 마지막 부분에 모두 50면에 그려져 있어요. 각 면은 가로 45.8센티미터, 세로 33센티미터이며 그림의 전체 길이는 자그마치 1,650센티미터나 돼요. 실제 행렬은 1.5킬로미터나 길게 이어질 정도로 어마어마했지요.

나는 무지일까요?

나는 궁중에 잔치가 있을 때 꽃장식을 올려 놓은 탁자예요. 조화로 만든 꽃장식을 준화라 하고, 나는 ○○○이라고 하지요.
(33쪽을 보세요.)

(   )

☞ 정답은 56쪽에

우와! 나도 저렇게 예쁜 옷 입고 싶어!

여기서 잠깐! 가례와 같이 경사스러운 날에 왕과 왕비는 어떤 옷을 입었을까요? 아래 그림을 통해 알아보아요.

면복
납채, 고기, 친영, 동뢰 의식 때 입었어요. 면복을 입을 때는 면류관을 썼지요.

강사포
납징, 책비 때 입은 예복이에요. 강사포를 입을 때는 원유관을 썼지요.

적의
책비, 친영, 동뢰를 치를 때 입은 예복이에요. 가장 화려한 혼례복이지요.

반차도의 가례 행렬 속으로!

자, 이제 영조가 정순 왕후를 모시고 궁궐로 가는 행렬을 따라가 보아요. 이 행렬에는 모두 1,188명(걸어가는 사람 797명, 말을 타고 가는 사람 391명)의 인물이 그려져 있어요. 반차도의 앞부분에는 왕의 행차가, 뒷부분에는 왕비의 행차가 보여요. 아래 반차도는 전체 그림 중

왕의 행차(1)

금군별장

갑옷으로 무장한 금군별장이 왕의 호위를 이끌고 있어요.

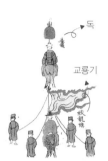

독

교룡기

행렬의 선두에 선 사람들이 들고 가는 독과 교룡기예요. 독은 소꼬리로 장식한 큰 깃발이고, 교룡기는 상상 속의 큰 용이 그려진 깃발이에요. 모두 왕을 상징하는 의장기랍니다.

내시　　상서원관

높은 신분의 사람과 내시들이 말을 타고 가요. 말은 흰말을 비롯해 회색, 붉은색 등 여러 가지 빛깔을 띠고 있네요.

우와! 반차도는 정말 길구나!

반차도의 시작이에요!

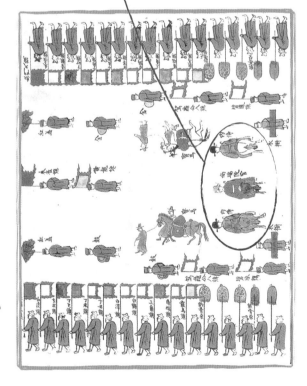

에서 일부를 확대한 것이지요. 친영 행렬에는 왕의 가마를 호위하는
군대와 벼슬아치들, 상궁과 내시들, 악대와 왕을 상징하는 깃발을 든
사람, 행사에 쓸 물품을 든 사람들이 함께 행진하고 있어요.

와! 이렇게 많은 사람들이 가례 퍼레이드를 하는 거야?

신하들과 내시, 호위병들이 모두 출동했구나.

고 금

고 금

교의 각답

관자 우자

북과 쇠를 치는 악공이에요. 악기는 축제의 분위기를 만들고 행렬이 박자에 맞춰 움직이도록 이끄는 역할을 했어요. 가례 행사 때는 연주하지 않았어요.

의자, 받침대, 주전자, 그릇을 든 사람들이 줄지어 걸어가고 있어요. 야외 행사에 쓸 물건을 들고 가는 것이지요. 이렇게 세심한 것까지 그려 넣었어요.

42쪽으로 이어져요!

행렬에는 왕을 상징하는 화려한 깃발을 든 사람이 많이 있어요. 깃발에는 하늘, 해, 달, 산, 사신도(청룡, 백호, 주작, 현무) 등이 그려져 있지요. 행렬의 가장자리에는 왕의 위엄을 나타내는 물건인 의장물을 들고 가는 사람들이 있어요. 창, 칼, 도끼와 같이 군사의 힘을 나타

왕의 행차(2)

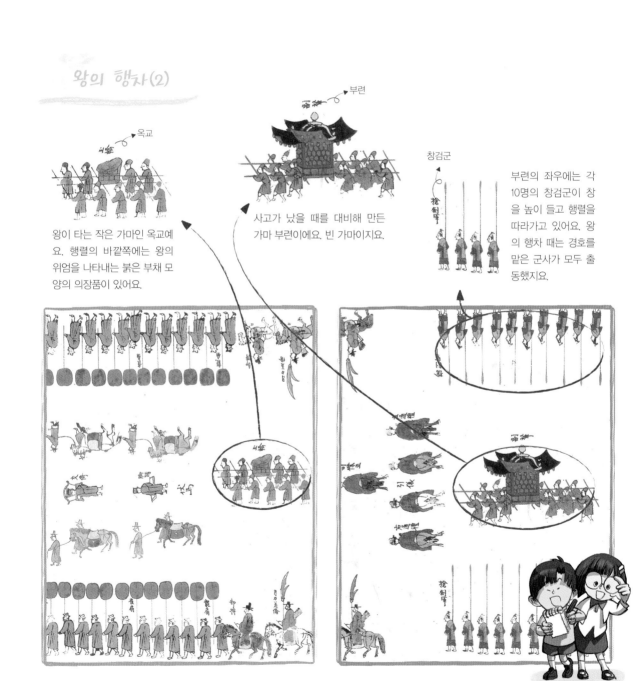

옥교

부련

창검군

왕이 타는 작은 가마인 옥교예요. 행렬의 바깥쪽에는 왕의 위엄을 나타내는 붉은 부채 모양의 의장품이 있어요.

사고가 났을 때를 대비해 만든 가마 부련이에요. 빈 가마이지요.

부련의 좌우에는 각 10명의 창검군이 창을 높이 들고 행렬을 따라가고 있어요. 왕의 행차 때는 경호를 맡은 군사가 모두 출동했지요.

내는 물건과, 부채, 양산, 덮개 같은 실용적인 물건들도 보이지요. 모두 행렬의 웅장함과 화려함을 한껏 살리고 있답니다.

앗! 드디어 임금의 가마가 등장했어!

아……
임금님의 얼굴을
한 번만 뵈었으면…….

솔

연

임금이 타는 가마인 연은 사방에서 볼 수 있도록 열려 있어요. 그래서 백성들은 이 날 임금을 직접 볼 수 있었지요. 그런데 임금의 모습이 가마에 안 보이네요. 당시에는 어떤 그림에도 임금이나 세자의 모습을 감히 그려 넣지 않았어요.

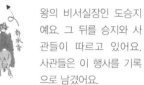

도승지

왕의 비서실장인 도승지예요. 그 뒤를 승지와 사관들이 따르고 있어요. 사관들은 이 행사를 기록으로 남겼어요.

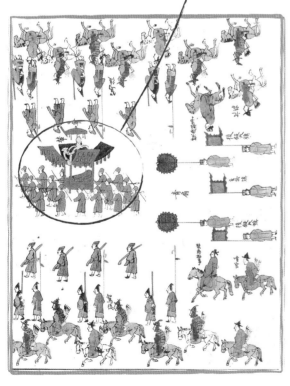

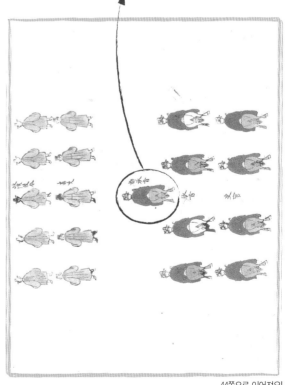

44쪽으로 이어져요!

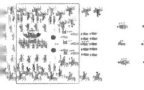
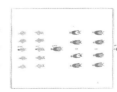
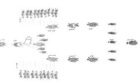

왕의 가마 행렬이 끝났어요. 이제 그 뒤를 왕비의 가마 행렬이 뒤따라요. 왕비의 행렬에는 크게 왕비의 책봉에 관계된 교명, 옥책, 금보, 명복을 담은 네 개의 가마와, 왕비가 탄 가마인 '연'이 있어요.

그런데 반차도의 색깔이 매우 알록달록하지요? 오늘날과 같은 물감이 없었던 시대에 어떻게 이처럼 다양한 색깔을 낼 수 있었을까요?

왕비의 행차(1)

전사대장
왕비의 가마 행렬을 이끄는 전사대장이에요. 맨 앞에는 전사대기를 든 병사의 모습이 보이네요. 왼쪽과 오른쪽에는 총을 든 전사대가 왕비의 행렬을 지키고 있어요.

왕비가 탄 가마다! 빨리 찍어야지.

→ 교명요여

왕비의 책봉을 명하는 교명을 담은 '교명요여'라는 가마예요. 8명의 가마꾼이 가마에 연결된 기다란 손잡이인 들채를 잡고 가지요.

바로 여러 가지 색깔을 내는 염료를 사용했기 때문이에요. 초록색의 석록과 같은 광물성 염료와 붉은색을 내는 홍화와 같은 식물성 염료들이지요. 이 염료들은 색이 잘 바래지 않아 수백 년이 지난 오늘날까지도 고유한 색을 유지하고 있답니다.

앗! 채여에 가마꾼들이 들고 있어야 할 들채가 없어!

키키, 화원들의 실수일까, 장난일까?

옥책요여

금보채여

이 가마는 옥책을 담은 '옥책요여'예요. 옥책이란 왕비의 칭호를 올릴 때 칭송하는 글을 옥에 새겨 놓은 것이지요. 그 앞에는 옥책을 놓을 자리인 옥석과 배안상, 욕석을 든 사람이 가고 있어요.

금보채여는 울긋불긋한 무늬가 있는 가마인데 요여보다 훨씬 화려해요. 왕비의 도장을 실었지요. 그런데 가마에 연결된 들채가 그림에 빠져 있네요. 옛날 화원들도 실수를 했나 봐요!

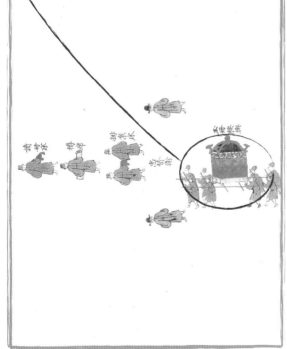

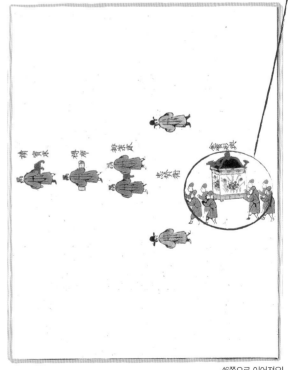

46쪽으로 이어져요!

왕과 왕비의 가마 앞뒤에는 호위하는 무사인 전사대와 후사대가 따르고 있어요. 상궁과 내시들은 왕과 왕비가 불편하지 않도록 가장 가까운 곳에서 걸어가고, 궁궐에서 바느질을 맡은 나인까지 모두 행렬에 나섰지요.

왕비의 행차(2)

전악

악대의 책임자인 전악이에요. 전악 앞에는 피리, 나팔, 해금, 장고 등 각종 현악기와 관악기, 타악기를 든 18명의 악공이 걸어가고 있어요. 전악 양옆으로는 물건을 멘 지가 4명이 있고 그 뒤를 별감들이 따르지요.

상궁들은 얼굴을 가렸구나.

기행나인

머리에 너울을 쓴 상궁이 말을 타고 가고 있어요. 그 뒤에는 나인이 따르고요. 상궁과 나인의 양옆으로는 궁중의 나이 어린 내관인 귀유치들이 수줍은 듯이 걸어가고 있네요.

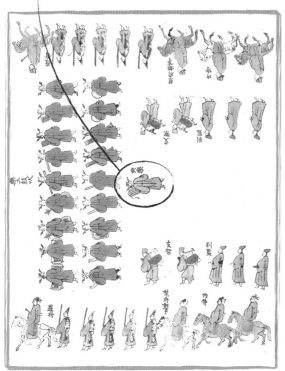

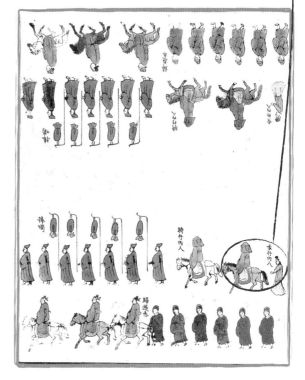

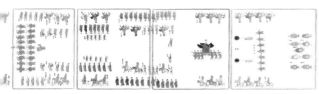

그런데 행렬의 인물들이 왼쪽, 오른쪽, 뒤쪽 등 여러 각도에서 그려져 있어요. 왜 이렇게 그렸을까요? 행렬에 참여한 인물들을 쉽게 구분하기 위해서지요. 이렇게 여러 각도에서 그려 생동감과 입체감이 느껴진답니다.

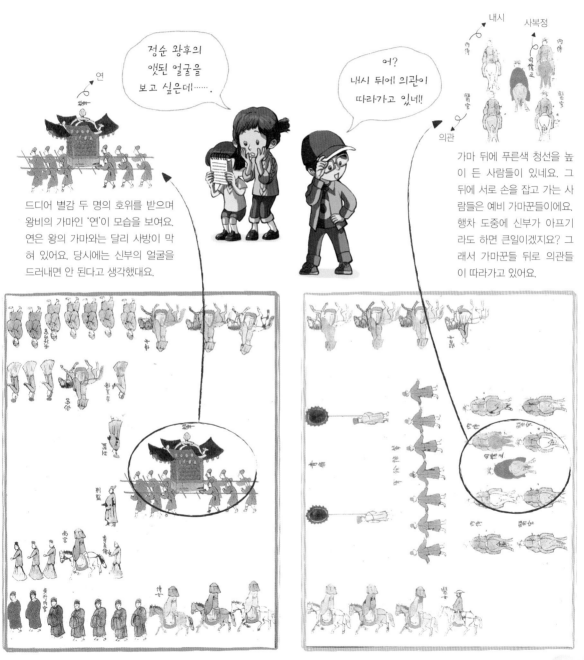

정순 왕후의 앳된 얼굴을 보고 싶은데…….

어? 내시 뒤에 의관이 따라가고 있네!

드디어 별감 두 명의 호위를 받으며 왕비의 가마인 '연'이 모습을 보여요. 연은 왕의 가마와는 달리 사방이 막혀 있어요. 당시에는 신부의 얼굴을 드러내면 안 된다고 생각했대요.

가마 뒤에 푸른색 청선을 높이 든 사람들이 있네요. 그 뒤에 서로 손을 잡고 가는 사람들은 예비 가마꾼들이에요. 행차 도중에 신부가 아프기라도 하면 큰일이겠지요? 그래서 가마꾼들 뒤로 의관들이 따라가고 있어요.

반차도의 마지막이에요!

조선 시대 화원들의 활약

의궤에 나오는 생생한 반차도나 정확한 도설들은 누가 그렸을까요? 바로 당대의 유명한 화원들이 맡았지요. 참여한 화원들의 이름은 모두 의궤에 기록되어 있어요. 보통 16명 정도의 화원이 도감에서 반차도나 도설을 그리는 일에 참여했답니다.

조선 시대에 그림을 통해 현장의 모습을 생생하게 전달했던 화원들은 오늘날 아주 중요한 사람들로 평가받고 있어요. 화원들이 없었다면 오늘날 조선 시대의 문화나 과학, 생활 모습을 이처럼 생생하게 알지 못했을 테니까요. 조선 시대의 대표적인 화원인 김홍도나 신윤복이 없었다면 당시 서민들이 어떻게 살았는지 짐작하기 어려웠겠지요.

김홍도의 씨름도

신윤복의 연못가의 여인

정조가 어머니 혜경궁 홍씨를 모시고 수원으로 행차하던 모습을 그린 〈화성능행도〉에는 당시의 사회상이 잘 담겨 있어요. 행렬 주변에서 백성들이 자유롭게 구경하고 장사를 벌이는 흥겨운 축제 장면을 통해 당시 사람들의 생활과 놀이 문화를 엿볼 수 있지요. 또한 《원행을묘정리의궤》에 실린 배다리 그림으로 당시의 과학 수준을 가늠해 볼 수 있답니다.

〈화성능행도〉의 일부예요. 왼쪽 그림에는 약장수와 떡장수의 모습이 보여요.

《원행을묘정리의궤》에 실린 배다리 그림이에요. 배다리는 정조가 몸소 설계했어요.

조선 시대 화원들은 개인 작품을 그리기보다는 의궤나 지도 제작과 같이 나라의 공식 행사에 참여하는 경우가 훨씬 많았어요. 조선 후기로 가면서 화원들의 역할이 더욱 커지고 이들에 대한 대우도 높아졌지요. 화원들은 왕이나 높은 벼슬아치들의 초상화를 그리면서 그들의 능력을 한껏 발휘했어요. 이렇게 화원들이 능력을 인정받자 자신의 직업을 자식에게 물려주는 경우도 많아졌어요. 나중에는 화원으로 이름난 가문도 생겨났지요.

의궤가 남긴 유산

　지금까지 우리는 조선 왕실의 행사를 기록한 의궤를 살펴보았어요.

　조선 시대의 행사를 생생하게 담은 의궤는 마치 여러 가지 금은보화가 들어 있는 보물상자 같아요. 오늘날 여러 분야의 연구자들에게 많은 도움을 주고 있으니까요. 옛날 옷을 연구하는 사람은 반차도에 등장한 인물들이 입고 있는 옷차림을 꼼꼼하게 관찰하고, 궁중 음식을 연구하는 사람은 잔칫상에 올랐던 음식의 종류와 재료에 관심을 기울이지요. 전통 음악 연구자는 행사에서 연주된 음악과 악기 그림을 살피고, 옛날 건축을 연구하는 사람은 의궤에 그려진 건물과 재료를 분석해요. 그뿐이 아니에요. 의궤에 쓰여진 물건의 이름에는 치마, 바지, 요강, 걸레, 곡괭이 같은 고유어가 그대로 나타나 있어 국어학 연구에도 좋은 자료가 된답니다. 또한, 의궤에 기록된 공문서를 보면 조선 시대에 관청에서 어떤 일을 맡았는지 알 수 있고, 일을 한 사람에게 준 품삯을 보면 당시의 물가를 가늠할 수 있지요. 문화, 예술,

경제, 정치, 행정, 건축, 국어, 역사……. 이렇게 의궤를 통해 연구할 수 있는 분야는 무궁무진하답니다.

의궤에는 또 하나의 중요한 가치가 담겨 있어요. 하나의 왕실 행사를 준비하는 데 참여한 수많은 관리들과 장인들, 예인들, 백성들의 이름을 일일이 기록하여 그 노력의 땀방울이 후세에까지 길이 전해지도록 배려한 것이지요.

2007년 의궤가 세계기록유산으로 등재된 것은 이 같은 우리 선조들의 기록 정신과 지혜를 세계가 인정했음을 뜻해요. 그런데 이렇게 소중한 의궤가 여러 나라에 뿔뿔이 흩어져 있다니 참으로 안타까운 일이 아닐 수 없지요.

의궤를 통해 선조들이 물려 준 문화 유산을 소중히 여기고 잘 지켜 나가는 일과, 그것을 잘 발전시켜 후손에게 전하는 가치 있는 일에 이제 우리 모두가 앞장서야 하지 않을까요?

나는 조선왕조 의궤 박사!

조선왕조 의궤에 관해 잘 알았나요? 이제는 누가 "의궤가 뭐지?"라고 물으면 척척 대답할 수 있을 거예요.
그럼, 지금부터 여러분이 얼마나 잘 알고 있는지 문제를 풀어보아요.

❶ 알맞은 것끼리 연결하세요.

의궤의 제목과, 의궤와 관련된 그림이나 사진, 의궤에 관한 설명이에요. 알맞은 것끼리 연결해 보세요.

어진의궤 •

• 왕의 초상화인 어진을
그리는 일을 기록한 의궤

태실의궤 •

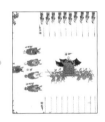

• 왕이 될 아기가 태어났을 때
태를 모시는 의식을 기록한
의궤

진찬의궤 •

• 왕과 신하가 함께한 활쏘기
행사를 기록한 의궤

대사례의궤 •

• 왕이나 왕세자의 가례를
기록한 의궤

가례도감의궤 •

• 궁중에서 베푸는 잔치의
내용을 기록한 의궤

② 의궤가 만들어지는 과정을 알아맞혀요.

한 권의 의궤가 만들어지기까지 어떤 과정을 거쳐야 하는지 순서대로 번호를 적어 보세요.

행사의 전 과정을 날짜순으로 정리한 등록을 만들어요.

(　　　　)

모든 행사를 주관할 도감을 설치해요.

(　　　　)

행사가 진행되는 동안 모든 것을 글과 그림으로 남겨요.

(　　　　)

임금에게 올릴 어람용 의궤를 만들어요.

(　　　　)

임금이 볼 수 있도록 규장각에 의궤를 올려요.

(　　　　)

③ 도전! 골든벨 O, X 퀴즈

다음은 의궤에 대한 설명이에요. 맞는 것은 O, 틀린 것은 ×표 하세요.

1. 행사가 끝나면 의궤는 반드시 1권만 만들었어요. (　　　)
2. 의궤에 들어가는 반차도는 행사 당일에 그렸어요. (　　　)
3. 반차도에는 임금의 모습을 그리지 않는 것이 관례였어요. (　　　)
4. 의궤에는 참여한 사람들의 이름을 빠뜨리지 않고 모두 기록했어요. (　　　)
5. 의궤를 봐도 당시 행사 때 썼던 도구의 모양은 알 수 없어요. (　　　)
6. 조선 시대에 제작한 의궤는 모두 우리나라 규장각에 보관되어 있어요. (　　　)
7. 사고에 보관한 의궤는 가까운 곳에 있는 절의 승려들이 지켰어요. (　　　)
8. 의궤에 그려진 그림에 색을 칠할 때는 광물성 염료와 식물성 염료를 사용했어요. (　　　)
9. 의궤는 임금 외에는 아무도 볼 수 없었어요. (　　　)
10. 의궤는 2007년에 유네스코 세계기록유산으로 등재되었어요. (　　　)

정답은 56쪽에

생일 잔치 의궤를 만들어요

의궤는 행사에 대한 꼼꼼한 기록이에요. 자, 그러면 지금부터 내 생일 잔치를 꼼꼼하게 기록한 의궤를 만들어 봐요. 생일 준비에서부터 생일에 진행된 사항, 생일날 풍경을 그린 그림과 사진 까지 기록으로 남기면 멋진 추억이 될 거예요.

생일 잔치 의궤는 이렇게 구성돼요!

행사는 크게 행사 전 준비 과정과 행사 당일 진행 사항, 행사 뒤의 평가로 이뤄지겠지요.
의궤의 핵심은 꼼꼼한 기록과 자세한 그림이라는 것을 잊지 마세요.

1 준비하는 사람의 명단을 작성해요
참여한 사람들의 이름과 각자 맡은 역할을 적어 두어요.

준비하는 사람
엄마, 큰이모, 둘째이모, 막내이모, 나, 동생

각자 맡은 역할
1. 집안 청소 : 엄마, 나, 동생
음식 준비 : 엄마, 둘째 이모
3. 생일 잔치상 꾸미기 : 둘째 이모
생일 케이크 준비 : 큰이모
5. 초대상 만들기와 보내기 : 나

> 준비하는 사람의 명단과 맡은 역할을 나누어서 정리해요.

2 초대장을 만들어요
초대장은 어떻게 썼는지, 누구에게 보냈는지, 누가 참석하는지 등을 기록해요.

> 실제 초대장을 한 부 붙여 두면 좋겠지요.

초대장 보낸 사람
사촌동생 필범, 예지, 예린, 재은, 유림, 유진
초대장은 직접 만들어 초대할 손님들에게
3일 전에 우편으로 보냈어요.
초대한 손님들은 모두 참석하기로 했어요.

3 준비 과정을 기록해요
생일 잔치에 놓을 음식과 그 날 입을 옷, 놀이를 위한 준비물 등을 자세하게 적어요.

> 생일 잔치에 쓴 물품은 그림으로 그리거나 사진으로 찍어서 붙여요.

생일상 꾸미기
준비물 : 생일 축하 걸개 1개, 고깔 7개, 종이
피리 7개, 생일용 접시 7개, 생일용 컵 7개
생일 축하 걸개를 붙이고, 미리 불어 둔
풍선을 벽과 식탁, 의자에 붙였어요.

4 생일 잔치 반차도를 그려요
생일 잔치에 누가 어디에 앉을지 생일 상에 음식은 어떻게 배치할지 그려 보세요.

생일 잔치 반차도

> 실제 생일 잔치 때 사진을 찍어 비교하면 계획대로 잘 되었는지 확인할 수 있겠죠?

5 생일 잔치를 기록해요
생일 잔치 때 어떤 놀이를 하면서 놀았는지,
시간의 흐름에 따라 자세하게 적어요.

선물 목록과 선물한 사람 명단도 꼭 적어요.

생일 잔치 행사

2시 – 생일 축하 노래를 불렀어요.

2시 30분 – 촛불을 끄고 차례로 선물을 주지요.

4시 – 낱말 이어가기 놀이를 했어요.

선물 목록과 선물한 사람 명단

티셔츠(큰이모), 내복(작은이모), 십자수(필범,
재은), 스노우볼(유림), 스티커(예지, 예린)

6 소감을 적어요
무엇이 부족했는지 무엇을 잘못했는지 적어
두면 다음 생일에 실수하지 않을 거예요.

생일 잔치 후 평가

생일 선물이 겹치는 것이 많아 다음 생일에는
각자에게 미리 말해 두는 것이 좋을 것 같다.
또 밖에서 할 수 있는 놀이를 준비해야겠다.

남은 물품

생일 축하 걸개, 고깔, 종이 피리

소감

초대한 손님들이 한 명도 빠지지 않고 모두
와줘서 너무 기뻤다. 생일 잔치 준비도 엄마
혼자 하지 않고 이모들이 함께 도와 줘서 더
즐거운 파티가 되었다.

생일 잔치에 쓰고 남은 물품들을 적어 두어요.

7 표지를 만들고 책으로 묶어요
마지막으로 의궤의 표지를 만들고 지금까지 기록한 것들을 한데 묶어요.
드디어 한 권의 의궤가 완성되었네요!

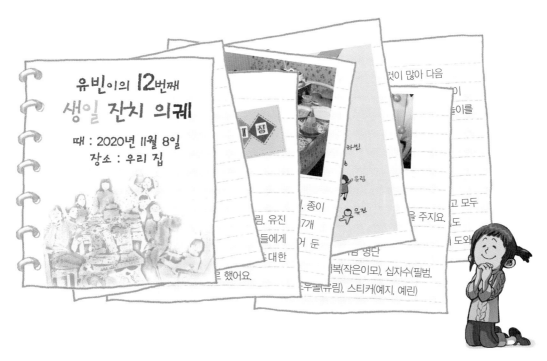

유빈이의 12번째
생일 잔치 의궤
때 : 2020년 11월 8일
장소 : 우리 집

정답

나는 무엇일까요?

여기서 잠깐!

12쪽 　어람용 의궤 ㄱ, ㄹ
　　　 일반 의궤 ㄴ, ㄷ

14쪽 　제목 대사례의궤
　　　 만든 때 계해년 건륭8년
　　　 보관 장소 의정부 사고

18쪽 　광고의 제목은 간결하면서도 누구나 쉽게 알 수 있는
　　　 내용으로 쓰는 것이 좋아요.

33쪽

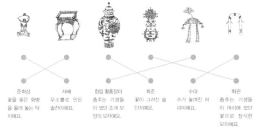

준화상
꽃을 꽂은 화병
을 올려 놓는 탁
자예요.

서배
무쇠솥으로 만든
술잔이에요.

합립 황홍장미
춤추는 기생들
이 썼던 조개 모
양의 모자예요.

화준
꽃이 그려진 술
단지예요.

수대
수가 놓여진 허
리띠예요.

화관
춤추는 기생들
이 머리에 썼던
꽃으로 장식한
모자예요.

> 틀린 것은 꼭
> 다시 풀어 봐!

나는 조선왕조 의궤 박사!

❶ 알맞은 것끼리 연결해 보세요.

의궤의 제목과 의궤와 관련된 그림이나 사진, 의궤에 관한 설명이에요. 알맞은 것끼리 연결해 보세요.

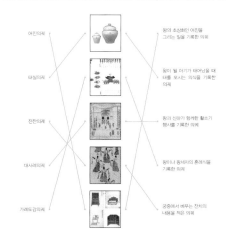

어진의궤 — 왕의 초상화인 어진을 그리는 일을 기록한 의궤

태실의궤 — 왕이 될 아기가 태어났을 때 태를 모시는 의식을 기록한 의궤

진찬의궤 — 왕과 신하가 함께한 활쏘기 행사를 기록한 의궤

대사례의궤 — 왕이나 왕세자의 혼례식을 기록한 의궤

가례도감의궤 — 궁중에서 벌이는 잔치의 내용을 적은 의궤

❷ 의궤가 만들어지는 과정을 알아맞혀요.

한 권의 의궤가 만들어지기까지 어떤 과정을 거쳐야 하는지 순서대로 번호를 적어 보세요.

행사의 전 과정을 날짜순으로 정리한 등록을 만들어요. **3**

모든 행사를 주관할 도감을 설치해요. **1**

행사가 진행되는 동안 모든 것을 글과 그림으로 남겨요. **2**

임금에게 올릴 어람용 의궤를 만들어요. **4**

임금이 볼 수 있도록 규장각에 의궤를 올려요. **5**

❸ 도전! 골든벨 O, X퀴즈

다음은 의궤에 대한 설명이에요, 맞는 것은 O, 틀린 것은 ×표 하세요.

1. 행사가 끝나면 의궤는 반드시 1권만 만들었어요. (×)
2. 의궤에 들어가는 반차도는 행사 당일에 그렸어요. (×)
3. 반차도에는 임금의 모습을 그리지 않는 것이 관례였어요. (O)
4. 의궤에는 참여한 사람들의 이름을 빠뜨리지 않고 모두 기록했어요. (O)
5. 의궤를 봐도 당시 행사 때 썼던 도구의 모양은 알 수 없어요. (×)
6. 조선 시대에 제작한 의궤는 모두 우리나라 규장각에 보관되어 있어요. (×)
7. 사고에 보관한 의궤는 가까운 곳에 있는 절의 승려들이 지켰어요. (O)
8. 의궤에 그려진 그림에 색을 칠할 때는 광물성 염료와 식물성 염료를 사용했어요. (O)
9. 의궤는 임금 외에는 아무도 볼 수 없었어요. (×)
10. 의궤는 2007년에 유네스코 세계기록유산으로 등재되었어요. (O)

사진

초등학교 교과서와 관련된 학년별 현장 체험학습 추천 장소

1학년 1학기 (21곳)	1학년 2학기 (18곳)	2학년 1학기 (21곳)	2학년 2학기 (25곳)	3학년 1학기 (31곳)	3학년 2학기 (37곳)
철도박물관	농촌 체험	소방서와 경찰서	소방서와 경찰서	경희대자연사박물관	IT월드(과천정보나라)
소방서와 경찰서	광릉	서울대공원 동물원	서울대공원 동물원	광릉수목원	강원도
시민안전체험관	홍릉 산림과학관	농촌 체험	강릉단오제	국립민속박물관	경희대자연사박물관
천마산	소방서와 경찰서	천마산	천마산	국립서울과학관	광릉수목원
서울대공원 동물원	월드컵공원	남산골 한옥마을	월드컵공원	국립중앙박물관	국립경주박물관
농촌 체험	시민안전체험관	한국민속촌	남산골 한옥마을	기상청	국립고궁박물관
코엑스 아쿠아리움	서울대공원 동물원	국립서울과학관	한국민속촌	서대문자연사박물관	국립국악박물관
선유도공원	우포늪	서울숲	농촌 체험	선유도공원	국립부여박물관
양재천	철새	갯벌	서울숲	시장 체험	국립서울과학관
한강	코엑스 아쿠아리움	양재천	양재천	신문박물관	남산
에버랜드	짚풀생활사박물관	동굴	선유도공원	경상북도	남산골 한옥마을
서울숲	국악박물관	고성 공룡박물관	불국사와 석굴암	양재천	롯데월드 민속박물관
갯벌	천문대	코엑스 아쿠아리움	국립중앙박물관	경기도	국립민속박물관
고성 공룡박물관	자연생태박물관	옹기민속박물관	국립민속박물관	이화여대자연사박물관	삼성어린이박물관
서대문자연사박물관	세종문화회관	기상청	전쟁기념관	전쟁기념관	서대문자연사박물관
옹기민속박물관	예술의 전당	시장 체험	판소리	천마산	선유도공원
어린이 교통공원	어린이대공원	에버랜드	DMZ	한강	소방서와 경찰서
어린이 도서관	서울놀이마당	경복궁	시장 체험	화폐금융박물관	시민안전체험관
서울대공원		강릉단오제	광릉	호림박물관	경상북도
남산자연공원		몽촌역사관	홍릉 산림과학관	홍릉 산림과학관	월드컵공원
삼성어린이박물관		국립현대미술관	국립현충원	우포늪	육군사관학교
			국립4·19묘지	소나무 극장	해군사관학교
			지구촌민속박물관	예지원	공군사관학교
			우정박물관	자운서원	철도박물관
			한국통신박물관	서울타워	이화여대자연사박물관
				국립중앙과학관	제주도
				엑스포과학공원	천마산
				올림픽공원	천문대
				전라남도	태백석탄박물관
				경상남도	판소리박물관
				허준박물관	한국민속촌
					임진각
					오두산 통일전망대
					한국천문연구원
					종이미술박물관
					짚풀생활사박물관
					토탈야외미술관

4학년 1학기 (34곳)	4학년 2학기 (56곳)	5학년 1학기 (35곳)	5학년 2학기 (51곳)	6학년 1학기 (36곳)	6학년 2학기 (39곳)
강화도	IT월드(과천정보나라)	갯벌	IT월드(과천정보나라)	경기도박물관	IT월드(과천정보나라)
갯벌	강화도	광릉수목원	강원도	경복궁	KBS 방송국
경희대자연사박물관	경기도박물관	국립민속박물관	경기도박물관	덕수궁과 정동	경기도박물관
광릉수목원	경복궁 / 경상북도	국립중앙박물관	경복궁	경상북도	경복궁
국립서울과학관	경주역사유적지구	기상청	덕수궁과 정동	고성 공룡박물관	경희대자연사박물관
기상청	경희대자연사박물관	남산골 한옥마을	경상북도	국립민속박물관	광릉수목원
농촌 체험	고창, 화순, 강화 고인돌유적	농업박물관	경희대자연사박물관	국립서울과학관	국립민속박물관
서대문자연사박물관	전라북도	농촌 체험	고인쇄박물관	국립중앙박물관	국립중앙박물관
서대문형무소역사관	고성 공룡박물관	서울국립과학관	충청도	농업박물관	국회의사당
서울역사박물관	충청도	서울대공원 동물원	광릉수목원	롯데월드 민속박물관	기상청
소방서와 경찰서	국립경주박물관	서울숲	국립공주박물관	몽촌토성과 풍납토성	남산
수원화성	국립민속박물관	서울시청	국립경주박물관	민주화현장	남산골 한옥마을
시장 체험	국립부여박물관	서울역사박물관	국립고궁박물관	백범기념관	대법원
경상북도	국립서울과학관	시민안전체험관	국립민속박물관	서대문자연사박물관	대학로
양재천	국립중앙박물관	경상북도	국립서울과학관	서대문형무소 역사관	민주화 현장
옹기민속박물관	국립국악박물관 / 남산	양재천	국립중앙박물관	서울역사박물관	백범기념관
월드컵공원	남산골 한옥마을	강원도	남산골 한옥마을	조선의 왕릉	아인스월드
철도박물관	농업박물관 / 대법원	월드컵공원	농업박물관	성균관	서대문자연사박물관
이화여대자연사박물관	대학로	유명산	롯데월드 민속박물관	시민안전체험관	국립서울과학관
천마산	롯데월드 민속박물관	제주도	충청도	경상북도	서울숲
천문대	몽촌토성과 풍납토성	짚풀생활사박물관	서대문자연사박물관	암사동 선사주거지	신문박물관
철새	불국사와 석굴암	천마산	성균관	운현궁과 인사동	양재천
홍릉 산림과학관	서대문자연사박물관	한강	세종대왕기념관	전쟁기념관	월드컵공원
화폐금융박물관	서울대공원 동물원	한국민속촌	수원화성	천문대	육군사관학교
선유도공원	서울숲	호림박물관	시민안전체험관	철새	이화여대자연사박물관
독립공원	서울역사박물관	홍릉 산림과학관	시장 체험 / 신문박물관	청계천	중남미박물관
탑골공원	조선의 왕릉	하회마을	경기도	짚풀생활사박물관	짚풀생활사박물관
신문박물관	세종대왕기념관	대법원	강원도	태백석탄박물관	창덕궁
서울시의회	수원화성	김치박물관	경상북도	해인사 고려대장경과 장경판전	천문대
선거관리위원회	승정원 일기 / 양재천	난지하수처리사업소	옹기민속박물관	호림박물관	우포늪
소양댐	옹기민속박물관	농촌, 어촌, 산촌 마을	운현궁과 인사동	유니세프 한국위원회	판소리박물관
서남하수처리사업소	월드컵공원	들꽃수목원	육군사관학교	무령왕릉	한강
중랑구재활용센터	육군사관학교	정보나라	이화여대자연사박물관	현충사	홍릉 산림과학관
중랑하수처리사업소	철도박물관	드림랜드	전라북도	덕포진교육박물관	화폐금융박물관
	이화여대자연사박물관	국립극장	전쟁박물관	서울대학교 의학박물관	훈민정음
	조선왕조실록 / 종묘		창경궁 / 천마산	상수허브랜드	상수도연구소
	종묘제례		천문대		한국자원공사
	창경궁 / 창덕궁		태백석탄박물관		동대문소방서
	천문대 / 청계천		한강		중앙119구조대
	태백석탄박물관		한국민속촌		
	판소리 / 한강		해인사 고려대장경과 장경판전		
	한국민속촌		화폐금융박물관		
	해인사 고려대장경과 장경판전		중남미문화원		
	호림박물관		첨성대		
	화폐금융박물관		절두산순교성지		
	훈민정음		천도교 중앙대교당		
	온양민속박물관		한국에너지기술연구원		
	아인스월드		한국자수박물관		
			초전섬유퀼트박물관